Como um rei na França

Como um rei na França

(Wie Gott in Frankreich)

d'après Goethe

Amaury Temporal

EDITORA RECORD
RIO DE JANEIRO • SÃO PAULO

2011

Copyright © 2011 Amaury Temporal

Capa e projeto gráfico de miolo
Miriam Lerner

CIP-BRASIL. CATALOGAÇÃO-NA-FONTE
SINDICATO NACIONAL DOS EDITORES DE LIVROS, RJ

T28c

Temporal, Amaury, 1938-
  Como um rei na França / Amaury Temporal. – Rio de Janeiro : Record, 2011.
  il.

  ISBN 978-85-01-07573-4

  1. Temporal, Amaury, 1938- – Viagens – França. 2. Culinária francesa. 3. Vinho e vinificação – França. 4. Restaurantes – França. 5. França – Descrições e viagens I. Título.

11-3257.   CDD: 641.5944
                                                   CDU: 641.568(44)

Todos os direitos reservados. Proibida a reprodução, armazenamento ou transmissão de partes deste livro, através de quaisquer meios, sem prévia autorização por escrito.

Este livro foi revisado segundo o novo Acordo Ortográfico da Língua Portuguesa

EDITORA RECORD
Rua Argentina 171 – 20921-380 – Rio de Janeiro, RJ – Tel.: 2585-2000

Seja um leitor preferencial Record.
Cadastre-se e receba informações sobre nossos lançamentos e nossas promoções.
Atendimento e venda direta ao leitor:
mdireto@record.com.br ou (21) 2585-2002.

Impresso no Brasil
2011

Mais uma vez agradeço a Maria Lúcia Fernandes suas críticas construtivas e por "domar" os originais deste livro.

Sumário

Avant-Propos 9

Prefácio do embaixador Marcos Azambuja 13

SÉVÉRAC-LE-CHÂTEAU, AVEYRON,
MIDI-PYRÉNÉES (2003/2004) 15

FRÉLAND, ALSÁCIA (2004/2005) 35

PARIS, MEGÈVE, HAUTE SAVOIE I (2005/2006) 45

NEUIL, VALE DO LOIRE (2006/2007) 55

MAGNY-LE-FREULE, NORMANDIA (2007/2008)............ 93

PARIS, MEGÈVE, HAUTE SAVOIE II (2008/2009)......... 109

CLUNY, BORGONHA (2009/2010) 125

Epílogo 153

Índice de vinhos.. 157

Índice onomástico 159

Avant-Propos

Euforia, do grego *euphoria*: 1) sensação de perfeito bem-estar; 2) alegria intensa e, via de regra, expansiva (Novo Aurélio, Editora Nova Fronteira). É o que sinto ao iniciar cada viagem aos recantos pouco conhecidos da França. Bem-estar e felicidade, que não são a mesma coisa.

Os dois livros que escrevi, *De vinhos e rosas* e *Bom tempo na França*, me permitiram encontrar leitores que tiveram a gentileza de transmitir impressões, sugestões, dúvidas e encorajamento para novas aventuras.

É este calor humano que me leva, mais uma vez, a relatar experiências vividas na *douce France*. A estreia de Maggy, minha mulher, como coautora em *Bom tempo na França*, foi muito aplaudida, e assim peço a ela mais uma vez que acrescente a sua visão particular e feminina às mesmas coisas que vi e vivi.

Faz mais de cinquenta anos que entro e saio da França, em viagens que durante muitos anos tiveram como foco o vinho e as regiões vinícolas. Nos últimos 15 anos alugo casas no interior por quatro ou cinco semanas, sempre em locais diferentes. Continuo mesmerizado por esta terra em permanente convulsão onde as greves ocorrem com regularidade metronômica e as manifestações de rua (as *manifs*) são anunciadas a cada dia nos jornais. Grupos sociais como os funcionários públicos, ferroviários, aeroviários, taxistas, médicos, enfermeiros, imigrantes ilegais (os *sans-papiers*) e tantos quantos possam se organizar para reivindicar seja lá o que for, ficam *en colère* com frequência.

Se alguém tiver interesse, poderá vasculhar o noticiário da televisão de cada dia e encontrará a frase indicativa da cólera coletiva: *Je suis en colère*.

Minha perplexidade resulta em não saber se tanta agitação é motivada por descontentamento, o que levaria a mudanças, ou por um profundo amor ao *statu quo*, sendo uma tentativa de imobilismo congelante.

A verdade é que neste canto do mundo que é a França, a *douce France*, existe um paraíso onde é necessária uma vida para conhecer, em suas múltiplas facetas, sua arte, seus vinhos, seus queijos, sua gastronomia, sua cultura, em meio a sua permanente convulsão, tudo banhado no molho *joie de vivre*.

Este livro é o terceiro de uma série sobre a França, começando por *De vinhos e rosas*, de 1992, passando por *Bom tempo na França*, de 2004.

No *De vinhos e rosas* descrevo as principais regiões produtoras de vinho: Bordeaux, Borgonha, Champagne, Vale do Loire, Vale do Rhône, Provence e Languedoc. No *Bom tempo na França* passeio por Paris, Megève, Sarlat, Saint-Rémy de Provence, Cabris, Grasse, Mendive e Dinan.

Neste livro me dedico às cidades de Sévérac-le-Château, Fréland, Megève, Neuil, Magny-le-Freule e Cluny, além de Paris.

O alvo é a França profunda, suas pequenas cidades e aldeias, sua gastronomia, sua enologia, sua gente. Um caleidoscópio de alegria de viver.

Não fui um deus na França, mas me senti como um rei.

Agradeço ao amigo embaixador Marcos Azambuja, o mais francês dos brasileiros, "savant" e a pessoa mais espirituosa que conheço, a gentileza de valorizar este livro com seu prefácio.

Ao longo dos anos em que se passaram as histórias deste livro, tive a felicidade de contar com a amizade de Thierry Courtaigne, dirigente do Medef Internacional, que com sua aguda inteligência, seu bom humor e sua sempre disponível solidariedade foi, entre tantos amigos franceses, o que mais contribuiu para eu me sentir como um rei na França.

Prefácio

Como costuma acontecer com quem já viajou muito, Amaury Temporal preferiu abandonar os grandes circuitos e as mais óbvias atrações turísticas do mundo e se faz todos os anos, durante algumas semanas, residente de pequenas cidades ou mesmo aldeias de algumas regiões maravilhosas da França.

Como brasileiros costumamos (há numerosas e virtuosas exceções) viajar para gastar e comprar. E por que negar: para impressionar no nosso regresso amigos e famílias. O nosso autor não está mais atrás disso e vai procurar viver, em cada uma de suas incursões anuais, como se fosse gente da terra e sendo a França o país que é age de forma discreta e parcimoniosa. Torna-se amigo de vizinhos e dos hospedeiros — Amaury explora o filão por nós ainda pouco usado das Gites Rurales e das casas urbanas de aluguel temporário — que é o circuito que muitos franceses (e não poucos europeus) costumam usar quando saem de casa e querem viver bem gastando pouco.

Em seu novo livro Amaury Temporal nos leva de aldeia em aldeia, nos revela os mistérios locais e nos mostra as trilhas menos percorridas. À medida que nós brasileiros comecemos a viajar mais e passado o alvoroço das viagens de descobertas e compras, iremos ver que os caminhos que Amaury Temporal aponta serão aqueles que se irão fazendo os dos nossos hábitos. Pouco a pouco iremos, como ele, privilegiar aqueles lugares ainda sossegados de onde poderemos incursionar por outros, mais geralmente conhecidos e, por todos os títulos, memoráveis.

Por enquanto vamos aceitar o conselho avisado e a mão sábia de Amaury para nos encaminhar na direção certa. Iremos com ele do Aveyron, até Alta Savoia, da Borgonha à Alsácia. Às vezes a morada temporária ressoa de história e de prestígio como é o caso de Megève e de Cluny. Em outros casos é preciso esmiuçar mapas ou guias (ou melhor ainda, usar o Google) para chegar a Magny-le-Freule e Neuil.

O que importa não é necessariamente repetir qualquer um dos itinerários e destinos escolhidos por Amaury (embora seja de bom alvitre fazê-lo), mas aceitar a necessidade de encontrar outros lugares equivalentes em sedução e personalidade àqueles que ele escolheu. O que importa é incorporar o modelo dessas excursões como uma forma civilizada, inteligente e... econômica, a de alugar pedaços do paraíso e virar condômino temporário de um pedaço encantador de civilização.

O livro não é nem um guia de vinhos nem um guia gastronômico. Não contém, portanto, uma relação sistemática de restaurantes, rótulos e safras. Mas há dentro dele suficientes referências a lugares onde se come muito bem e onde se bebe de forma incomparável.

O melhor conselho, amigo leitor, é este: Onde forem seguindo os passos de Amaury Temporal declarem-se simplesmente amigos e admiradores seus. Essas palavras mágicas abrirão portas e sorrisos. *Bon Voyage!*

Embaixador Marcos Azambuja

Sévérac-le-Château, Aveyron, Midi-Pyrénées

(2003/2004)

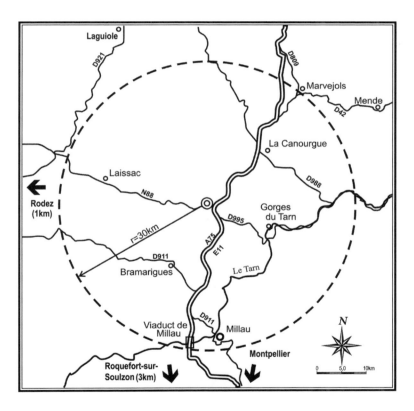

Em 2003 fizemos nossa opção pelas regiões Midi-Pyrénées/Auvergne/Languedoc-Roussillon, e assim escolhemos o Aveyron, ao sul do Auvergne, norte do Languedoc-Roussillon e em Midi-Pyrénées. Nosso principal interesse eram as Gorges do Tarn e os vinhos da região. Optamos por Sévérac-le-Château, a 3,5km da fronteira da Lozère, que faz parte do Languedoc-Roussillon, entre as cidades de Mande (L-R) e Millau (M-P). Assim, Sev, como é conhecida pelos íntimos, está no departamento de Aveyron, na região Midi-Pyrénées, no sudoeste da França, tendo como grande estrada de acesso a A-75.

A grande cidade próxima é Montpellier. Rodèz, a oeste de Sev, completa as cidades de porte médio necessárias ao apoio para uma permanência mais longa, incluindo, sem dúvida, bons restaurantes.

Se vocês acham a geografia da França complicada, com 22 regiões e 96 departamentos, só na França metropolitana, incluindo os dois departamentos da Córsega (que não é uma região, mas uma *collectivité territoriale*), ouçam o noticiário local da televisão: Édition Quercy-Rouergue. Quercy é o antigo nome do departamento do Lot e Rouergue, o do Aveyron. Como os franceses são saudosistas e apegados ao passado, a memória dos antigos nomes persiste.

Persiste igualmente na "França profunda" a memória do franco francês, moeda extinta há anos. A globalização tem na França solo árido e montanhoso.

Meu interesse pelos vinhos da região se justifica, pois somente Languedoc-Roussillon produz um terço dos vinhos da França, cerca de 16,6 milhões de hectolitros, alguns deles de muito boa qualidade.

Passamos três dias em "nossa casa", em Paris, o hotel de l' Abbaye, e fomos buscar nosso Mégane *chez* Renault. Maggy e eu sempre fazemos uma aposta sobre a cor do carro, novo em folha, que vamos receber. Ela ganhou: o carro era prateado, alugado pelo sistema de *leasing*, mais econômico para um período longo.

A experiência me ensinou que alguns artigos são difíceis de encontrar na "França profunda". Por isso, fiz um estoque de arroz basmati, lentilhas de Puy, trufas frescas, bom azeite extravirgem de *chez* Olivier & Co. e ainda outros mui necessários supérfluos. Com os amigos Gilles e Zoe, comprei um excelente *foie gras* na pequena loja da rue Montmartre, nº 25.

Lá fomos nós apanhar nosso carro, com o *panier* das compras a tiracolo na Renault, rue Jean Jaurès, a um passo da *périphérique*. Daí seguimos para a Porte de Orléans, saída para o sul pela A-71 (E-9), que passa a A-75 nas proximidades de Clermont-Ferrand, capital do Auvergne.

Dormimos ao sul de Clermont-Ferrand, que já conhecíamos, em Saint-Flour, por sorte em dia de feira livre, onde compramos o excelente queijo Cantal e um bom estoque de linguiças secas artesanais, produto típico da região.

A Michelin disponibiliza um sistema de informação: ViaMichelin (http://www.viamichelin.com/viamichelin/fra/dyn/controller/Print/Itinerary), que, dado o ponto de partida na França e o ponto de chegada desejado, organiza um roteiro ideal, com todos os detalhes, inclusive a duração de cada etapa e o tempo e a quilometragem totais. Assim, sabíamos que poderíamos percorrer os 606km do percurso em 5h23, mas optamos por fazê-lo em dois dias, com a parada em Saint-Flour. Nada de estresse.

A chegada a Sévérac foi uma agradabilíssima surpresa. Na saída nº 42 da A-75, no posto-restaurante Aire de Aveyron, pudemos parar e ver a vista espetacular da cidade construída à volta do castelo de Sévérac. Imediatamente tivemos certeza da boa escolha que havíamos feito pela internet.

Em geral, seleciono uma cidade e, depois, a casa nesta cidade, a partir das especificações desejadas: uma cozinha bem-equipada com uma casa em volta, que contenha ainda uma lareira.

Como poderíamos escolher qualquer cidade pequena perto das Gorges du Tarn, acabamos tendo cerca de setecentas casas no Lozère, no Lot e no Aveyron, para escolher. Procuramos de Mande a Millau, até Florac, no leste.

Recebemos informações dos Offices de Tourisme e do sistema Gîtes de France. De passagem: casa (*maison*) é urbana, *gîte* é rural. Acabamos escolhendo o Gîte de Sévérac, que, evidentemente, sendo na França, terra das exceções, é uma casa urbana, na cidade medieval, intramuros. Nossa escolha deveu-se, em primeiro lugar, ao fato de o site da casa, feito pelo filho de M. Jégou, o proprietário, ser completo, fácil de visitar e muito benfeito (http://www.theoreme.net/gite/imprimer.htm), e, em segundo, pela coincidência entre meu nome e o endereço: rua Amaury de Sévérac, rua principal da cidade medieval e nome do marechal da França morto em 1427 que construiu seu castelo sobre fundações de construções dos séculos X e XI. Parecia-me que o outro Amaury, o de Sévérac, chamava-me para a sua cidade. Sévérac é uma cidade relativamente grande, com cerca de dois mil habitantes. Culminando a cidade, a parte murada, em volta do castelo, "intramuros", onde vivem duzentos habitantes que se consideram a elite local e olham com desprezo para "os de baixo". Nossa casa era o único gîte intramuros.

Passando as portas da cidade medieval, estava tirando uma foto ao lado da placa da rua do meu xará quando, na cidade deserta, apareceu um cavalheiro alto, encapotado, de barba grisalha, e eu disse:

— Você deve ser o sr. Jégou.

Ele respondeu:

— Você deve ser o sr. Temporal.

O M. e a Mme. Jégou (Michel e Sylviane) nos levaram até o *gîte* e deram todas as explicações necessárias: máquinas de lavar louça, de lavar roupa, forno e a lareira com recuperação de calor, muito eficiente. Entregaram-nos o manual da casa com todas as informações possíveis e imagináveis e, em seguida, convidaram-nos para uma feira de Natal, nosso velho conhecido costume da Provence, o Marché de Noël, que se realizaria naquele sábado.

Lá fomos nós com nossos amigos, sem nem ao menos abrir as malas, para uma fazenda de criação de avestruzes. Fomos ainda ver Bozoul e Estaing, ambas cidades às margens do rio Lot, a primeira com o seu famoso *trou*, uma falésia, formando uma coroa até o rio, e a segunda, uma joia medieval, onde se produz um vinho razoável.

Naquela noite, aproveitando um queijo Tomme de Aubrac e algumas batatas, fiz uma *trouffade*, versão local da *tartiflete* da Savoia (descrita no livro *Bom tempo na França*).

Começamos, assim, com o pé direito nossas pesquisas turísticas e enogastronômicas, contando com a solicitude do casal Jégou e o charme dessa cidade *perché*, pendurada numa colina de 817m de altura, e de nossa casa, o *gîte*, construída em pedra, com paredes de 70cm de espessura. Tudo na cidade medieval é contemporâneo ao castelo, ou seja, dos séculos XIV e XV.

O Aveyron é um dos maiores departamentos da França e um dos menos habitados. Assim, nosso "modelo" de traçar um raio de 30km e nos atermos ao contido nessa área não pôde ser seguido dessa vez. Tivemos de aumentar o raio para 60km, a fim de incluir tudo o que queríamos ver. Assim, quase dobramos a quilometragem total com o carro, dos 3.500km habituais para 6.000km, incluindo a viagem de ida e volta a Paris (1.200km) e a grande *balade* a Sarlat (400km de ida e volta), sem contar a viagem de 300km, ida e volta, a Sète, na costa, motivada por saudades dos frutos do mar.

Megève, Sarlat, Saint Rémy, Grasse, Mendive, Dinan — cada vez que saímos para conhecer uma nova região, uma nova fronteira, e de certa forma um outro povo, é a aventura. A excitação do desconhecido, a promessa de outros hábitos, outros costumes, outra comida e, no caso presente, outra língua.

A língua local, o *patois*, que convive com o *occitane*, tem não somente palavras diferentes, mas um sotaque que eu e Maggy achamos muito simpático, em que se enrolam os erres, se pronunciam os esses no fim das palavras e se colocam vogais onde não existem. Eu, que tenho vocação para o mimetismo, vou ter que me reciclar ao final da viagem.

Estávamos em pleno Parc Regional des Grandes Causses. Causse é um planalto calcário, em região montanhosa, com vales e rios correndo por gargantas. Além do Tarn, há as gargantas (*gorges*) do Lot, do Jonte, do Aveyron, do Dourbie e do Viaur.

Esse território acidentado resulta em um trecho ainda em obras da A-75, entre Sévérac e La Cavalerie, ao sul de Millau. Grandes obras são necessárias, incluindo o mais alto viaduto do mundo, em Millau, que ficou pronto em dezembro de 2004 e é uma obra espetacular, mesmo no estado em que se encontrava quando o vimos, quando suas proporções monumentais já eram evidentes.

É o conjunto de *causses** da natureza selvagem e dos rios límpidos e de água esverdeada, de gargantas, em alguns pontos vertiginosas, que faz a beleza da área. Ao lado disso, há os castelos (um a cada 5km), ao longo da Route des Segneurs, e as cidades *perché* medievais, por vezes penduradas em locais inacessíveis, que nos levam a imaginar como foram construídas. Entre as *villages* imperdíveis da região figuram Conques, Belcastel, Couvertoirade, Buzols, Estaing, Les Vignes e Saint-Énimie (nas Gorges du Tarn), Corbes-sur-Ciel e, evidentemente, Sévérac-le-Château.

Em Laissac, entre Sévérac e Rodez, é preciso visitar a Foire des Bestiau, numa manhã de terça-feira. Lá, vendem-se vacas, ovelhas e cabras.

Laguiole e Laguiole Station fazem parte das estações de esqui dos montes Aubrac, ao norte de Sévérac.

Laguiole, que se lê laiole, é conhecida pela sua *forge*, que produz facas e canivetes famosos em todo o mundo, e por seu queijo de vaca, um Cantal de alta qualidade produzido a partir do leite de vaca de Aubrac e usado para fazer o *aligot*, prato de queijo e batatas, comido separadamente ou como acompanhamento.

Os pratos da região começam pelo *tripoux*, concorrente da *tripes de Caen*, que não é meu favorito, o carneiro, de ótima qualidade, e os pratos à base de queijo, como a *truffade* e o *aligot*. O *foie gras* e o *confit* são também abundantes nos *menus* regionais.

---

* *Causses:* planaltos calcários.

A *charcuterie* da montanha é de excelente qualidade, incluindo as linguiças secas e os presuntos, entre eles o de porco-negro da Gasconha, correspondente ao pata negra espanhol.

Entre os doces, os feitos com mel de Cévennes (fiz uma *tarte fine aux pommes* com mel de Cévennes que ficou supimpa), as *oreillettes, beignet* com sabor de laranja, o creme catalão e, ainda, o *gâteau cuit à la broche au feu du bois*. Os melhores doces da região são feitos na padaria do português Abílio Marques, *boulanger patissier* em Mende, que faz os melhores pastéis de nata e o melhor *gâteau du roi* (com recheio de *frangipanne, bien sûr*) que já comi em minha vida. Infelizmente, Abílio se cansou de 21 anos de trabalho, 14 horas por dia, sete dias por semana, e vendeu o negócio, que fechou as portas em fins de janeiro de 2004. Perda irreparável.

Michel Jégou é um cidadão atuante que pertence aos vários comitês voluntários da cidade, incluindo o Office de Tourisme. Trata-se de um bretão que sai pelas ruas da cidade medieval com um balde de sal grosso para cuidar das placas de gelo formadas após uma nevasca, quando a temperatura sobe para perto de zero e a neve começa a formar gelo.

Ele organizou para nós uma memorável visita à fazenda de ovelhas da família Seguin, em Blayac, nos arredores de Sévérac. Rémy Seguin nos levou por uma detalhada visita ao complexo da fazenda, que inclui inseminação artificial, criação de ovelhas em lotes separados por idade e, por ser inverno, alimentação com feno, no estábulo, para cerca de mil cabeças, que passam quase a vida toda ou a comer ou a ruminar o que comeram. Maggy e eu nos vimos com ovelhas de uma semana no colo. Detivemo-nos em cada etapa do processo até a produção de leite em um carrossel automático, a partir do qual o leite é bombeado para um depósito com temperatura controlada, de onde um caminhão-tanque da Sociedade de Roquefort o retira. A Société é a grande compradora do leite local. Cada ovelha produz cerca de três litros de leite por dia, e uma parte é guardada para a fabricação própria de queijo, de ótima qualidade. Sou um fã do *fromage de brebis*, gosto que adquiri com o queijo manchego espanhol e com o do País Basco, em nossa estada em Mandive.

Após nossa visita, fomos brindados pela família com um *pot* e um *casse-croûte* de queijo de ovelha, durante o qual encontramos o M. e a Mme. Seguin (Jean e Simone), pais de Rémy, que nos deram uma visão importante do que os fazendeiros franceses pensam sobre a agricultura da França e do Brasil, da competitividade relativa de ambas e dos recentes desenvolvimentos das discussões na OMC (Organização Mundial do Comércio).

O problema está centrado no subsídio agrícola da União Europeia, que viabiliza a produção tradicional, que é também uma forma de vida. O Brasil, como a Argentina, a Austrália e o Canadá, as nações do Grupo de Cairn, com grandes áreas disponíveis para criação de animais em pastagens, têm vantagens comparativas importantes sobre a Europa e sofrem restrições na sua exportação. É contra essas restrições que o Brasil lidera um movimento pela reciprocidade, advogando que a abertura de mercados deve corresponder à abertura do mercado agrícola dos países desenvolvidos.

Há que entender, no entanto, a resistência dos países da União Europeia, notadamente a França, à mudança de um modo de produção de gerações, que encontra apoio forte da população francesa, a qual está de acordo com o *statu quo* de subsídios, que, afinal, são pagos por toda a sociedade. No entanto é uma luta com fim previsível, pois os jovens franceses de hoje não estão mais interessados em atividades que exigem de 12 a 14 horas de trabalho por dia, sete dias por semana, por vezes em condições climáticas adversas.

Como somos os únicos turistas na cidade e os turistas são chamados coletivamente de "parisienses", acabamos conhecidos como "os parisienses", apesar de agora já saberem que somos brasileiros. Pouco importa: somos estrangeiros, parisienses, portanto. Estávamos andando pela cidade medieval após o almoço (*Petit salé aux lentilles du Puy*), eu fumava um charuto, quando um senhor idoso, com uma bengala e a indefectível *casquette* local, me disse:

— Eu já vi o senhor fumando um charuto.

Fiquei com a impressão de que ouviria uma reprovação de meu hábito e disse:

— É verdade, e estou fumando outro agora.

O senhor idoso, agasalhado em um anoraque azul, disse:

— Eu fumei por cinquenta anos, de tudo, mas parei há 14.

Soube que havia fumado bons charutos e que ainda tinha na *cave a cigars* os charutos que sobraram da época em que fumava. Falamos de sua casa de família, em frente da qual estávamos, na rue Amaury de Sévérac, uma imensa casa de quatro andares, torta, do século XIV. Fiquei sabendo que tinha 84 anos e que morava em outra casa, da família da esposa, mais adiante.

Despedi-me do sr. Malaviole e tomamos caminhos distintos. Sévérac tem um número grande de ruelas e passagens, algumas vezes entre duas casas, e descobrimos um novo caminho entre a fonte romana, o antigo mercado coberto do século XIII e fachadas e portas entalhadas que contam a história dos tempos áureos da cidade, cinco ou seis séculos atrás.

Meia hora depois, reencontramos o sr. Malaviole, de retorno de sua *balade*, por coincidência em frente a sua residência, que ele insiste em chamar de "casa da *Mme*. Malaviole". Ele nos convidou para conhecer sua adega, e assim penetramos em um mundo fantástico, imprevisível e surpreendente.

O sr. Malaviole compra excelentes vinhos a granel, em tonéis, no Bordelais e na Borgonha e os engarrafa em sua adega. Centenas de garrafas de vinho de Saint-Émilion, do Médoc, da Borgonha, de bons anos, estão cuidadosamente colocados em prateleiras, e em outra parte da adega há vinhos locais correntes. Um estoque para os próximos cinquenta anos!

Ao comprar os vinhos *en vrac* — a granel —, ele recebe um número adequado de rótulos. Possui também uma máquina de arrolhar as garrafas. Um gigantesco saca-rolhas completa o equipamento que, certamente, estaria mais de acordo com as necessidades de um grande hotel ou restaurante. Jamais vi coisa igual.

Meu entusiasmo foi tanto que o sr. Malaviole nos levou a ver seu ateliê de escultura em madeira. Um *menusier* amador extraordinário, que esculpiu o rosto de toda a família: avós, pais, filhos, netos e bisnetos. Apareceu a sra. Malaviole, que, para não ficar atrás do marido, levou-nos a conhecer o labirinto de sua enorme casa de quatro andares, do "século do castelo". Salas, saletas e quartos apresentam-se em um labirinto, com as camas de cada um dos membros da família, que somente aparecem nas festas, prontas para receber o eventual hóspede.

O labirinto inclui poços e fontes, cozinha e uma enorme despensa com caixas de batata, cebola, alho e víveres para um exército, possivelmente o mesmo que o sr. Malaviole espera em sua adega, que inclui a *cave a cigars*, da qual me ofereceu um cubano da safra de antes de 1990 e onde a temperatura e a umidade relativa são adequadas, é claro.

Talvez o mais impressionante seja o cubículo para criação de porco ou cabra, um antigo costume medieval, segundo o sr. Malaviole, de grande utilidade durante o tempo de escassez da II Guerra Mundial. (Não confundir com "a Grande Guerra", que foi a primeira.)

Ficamos para o chá, na sala principal, não sem antes termos visto a casa ao lado, que não é habitada há cem anos, mas é da família e serve de "arquivo", com livros, roupas, documentos, sapatos minuciosamente guardados em armários com indicação visível da década a que pertencem. Coisa fascinante... Os Malaviole foram amabilíssimos, e Maggy ficou deslumbrada. Como tinha de preparar o jantar, para o qual havíamos convidado os Jégou, abreviamos nossa visita, que levou cerca de três horas, com a promessa de voltar.

Saí pensando em levar meu amigo José Elias Salomão, que chegaria em uma semana, para ver a grande atração turística que é uma típica casa francesa, a dos meus amigos Georges Malaviole e senhora.

À noite contei essa história a Michel e Sylvianne, em torno de um excelente *gigot d'agneau*, com *champignons* e um *chutney* de figos que inventei e ficou supimpa. Michel me disse que, no inverno, a cidade fica vazia, a solidão reina e, quando aparece um *parigot* (gíria para parisiense), as pessoas ficam encantadas de poder falar.

— São capazes de te agarrar na rua —, disse Michel Jégou.

Entender a França de hoje requer a compreensão de que os franceses têm uma ideia própria de seu país, de sua história e da "exceção francesa", que a define como nação — uma ideia partilhada. Uma nação é o que está na cabeça de seu povo. Esse conjunto de informações particulares ao povo francês ultrapassa os limites do material e da economia e inclui as dimensões do político, do direito e da cultura. Com maior ou menos intensidade, isto é válido para todas as nações.

Há, em decorrência, uma dicotomia entre a singularidade francesa e a construção europeia, que resulta em erosão de soberania, em que a política não mais corresponde aos interesses de cidadãos claramente definidos pela soberania entre as fronteiras territoriais da nação. A realidade supranacional da União Europeia não permite, assim, decisões lastreadas na "exceção francesa".

O problema da agricultura francesa e do protecionismo agrícola insere-se em um estado de espírito que os franceses chamam de *nostalgie* e que guarda similitude com a palavra portuguesa saudade. Talvez o mais importante seja a percepção do futuro com mutações previsíveis, ainda mais traumáticas, em que o envelhecimento da sociedade e a diminuição acelerada da população economicamente ativa só pode ser efetivamente contrabalançada pela recepção acelerada de imigrantes, coisa que a Comissão Europeia aconselha para corrigir a demografia cadente. É isso que, no fundo, desestabiliza os franceses e faz boa parte da população ficar desencantada.

Dentro dos problemas resultantes da dinâmica da mutação, é o *désenchantement* e o alto coeficiente de resistência que impedem a solução dos problemas de aposentadoria, da seguridade social, dos subsídios agrícolas e do rígido sistema de emprego da França. Ao assistirmos à televisão francesa, surpreende-nos o número extraordinário de vezes que a expressão *en colère* é utilizada, seja a propósito de temas importantes como a poluição, as inundações, a segurança ou de assuntos periféricos e francamente risíveis, para os quais haverá sempre um grupo disponível para demonstrações. A *mani* (abreviação de *manifestation*/manifestação) é um esporte, se não nacional, ao menos parisiense.

Tudo isso se traduz em sérias restrições ao progresso, considerado irrelevante ou de custo excessivo por muitos. Uma ponte, um viaduto, uma nova estrada: "Para quê? Qual o custo?"

Não deve ser fácil ser político na França. Esta é a razão pela qual entre as cinquenta pessoas preferidas dos franceses, somente um político foi incluído em 2003, o presidente Jacques Chirac.

Nossos amigos, os Jégou, são donos da Crêperie du Château, que fecha de setembro a março. Quando disse do meu interesse em crepes e *galettes*, ele se dispôs a me dar uma aula e, para tanto, reativar a *crêperie*, o que deve ter dado um bom trabalho.

Michel veio me buscar de manhã cedo para prepararmos as massas, o que fizemos a quatro mãos. Coisa cheia de mistérios e astúcias.

Voltamos à hora do almoço para a degustação de várias versões de crepes e *galettes*. Descobri que tinha as mesmas dificuldades com as *galettes au blé noir*, ou seja, de trigo-sarraceno, que eu tinha feito no Brasil. Crepe de trigo-branco (*froment*) é muito mais fácil de fazer.

Salomão — José Elias Salomão, amigo de longa data — chegou com Elvira para passar a última semana de minhas férias conosco, como faz a cada ano. Foi nosso hóspede em todas as casas que alugamos.

Chegou com uma lista de pratos favoritos, pedindo que os fizesse: *Magret de cannard, pommes salardaises*; *Gigot d'agneau rôti à la broche*; *Cassoulet de Castelnaudary*; *Côtelettes d'agneau, pommes vapeur*.

Fiz ainda uma *poule fermière au ris basmati* que não estava má.

Para o *cassoulet*, acompanhado do vinho Madiran, convidamos os Jégou.

Para o *gigot*, fui com a minha *broche*, o equipamento do forno que prende a peça a ser assada, ver o amigo açougueiro, para prepararmos o maior *gigot* possível. Tivemos de serrar parte da canela para que coubesse no forno. Disse o Salomão que foi o prato de que mais gostou, e deve ter sido mesmo, pois repetiu três vezes.

Com Salomão, fomos ao canteiro de obras do viaduto de Millau, o mais alto do mundo, em construção pela companhia Eiffage. De uma beleza singular, o viaduto, de 32m de largura e 2.600m de extensão, é uma construção em aço soldado de 36 mil toneladas, essencialmente reta. Cerca de um ano antes da conclusão das obras, 130 mil visitantes já haviam passado pelo centro de visitantes do canteiro, ao sul de Millau. Fizemos esta visita, ao canteiro de obras do viaduto, na volta de Roquefort-sur-Soulzon onde estão as Caves da da Société, as cavernas onde o famoso queijo é produzido e estocado.

Visitamos a residência dos cônsules de Sévérac, casa da Idade Média de grandes proporções e a mais bem preservada estrutura na cidade. Nosso guia foi o presidente da Associação dos Amigos do Château, Michel Douls, que nos deu uma aula sobre a cidade e seus governantes. Tive a oportunidade, nessa visita, de expor minhas convicções sobre a necessidade de restaurar o castelo de Sévérac, como obra-âncora da renovação da cidade, à espera do aumento de tráfego da autoestrada A-75, modificada e melhorada pelo viaduto de Millau.

A ideia é simples: o tráfego da A-75 vai aumentar muito a partir do término das obras da estrada, incluindo o viaduto de Millau. A viagem de Paris à costa do Mediterrâneo, até Bezier, vai se reduzir em uma hora. É de esperar que o número de turistas para as cidades ribeirinhas (Sévérac está a 2km em linha reta da A-75) aumente. A cidade não tem hoje trunfos para aumentar o fluxo turístico. A reconstrução do castelo não somente será uma atração importante, mas justificará a infraestrutura auxiliar.

Minha ousadia de turista palpiteiro caiu em solo fértil. Pediram-me, então, que repetisse minha "provocação" ao prefeito de Sévérac-le-Château, o senador Bernard Seillier, pessoa evidentemente talhada para suas funções. Creio que nos entendemos bem e que gostou da definição da renovação do castelo como "obra-farol". Usei, acredito eu, com algum sucesso, o exemplo de seu colega, o senador Pierre Laffitte, que não somente sonhou com Sophia Antipolis, da Côte d'Azur, mas tornou a Cidade da Ciência e da Inovação uma realidade. Convidou-me ainda para a inauguração do viaduto de Millau, em janeiro de 2005.

Meu amigo Michel Jégou me mandou fotos do término da obra, da construção até a inauguração, junto com pequenas notas sobre os amigos que deixamos em Sev.

Evidentemente, ao fim das férias, já estou com as turbinas girando em alta rotação.

Fréland, Alsácia

(2004/2005)

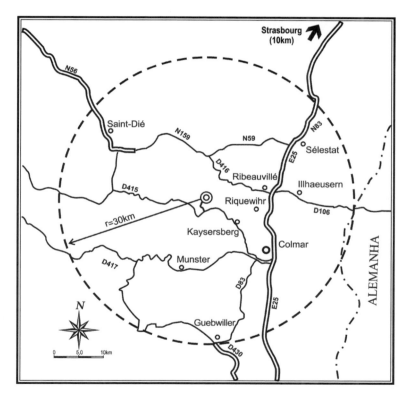

A Alsácia ficará em nossa memória, marcada pela simpatia, generosidade e o carinho dos alsacianos, especialmente dos nossos vizinhos e novos amigos.

Também nos lembraremos sempre da experiência de termos chegado ao cume da arte gastronômica, com o jantar no Auberge de L'Ill; às margens do rio Ill, em Illhaeusern, cerca de 15km da casa que alugamos, em Fréland.

Reservamos nosso jantar com dois meses e meio de antecedência, sabendo que o restaurante está sempre lotado. No dia aprazado, 29 de dezembro, nos encontramos bloqueados pela neve, e sem a ajuda dos solícitos vizinhos, teríamos perdido nossa chance de visitar o paraíso.

No Auberge de L'Ill impera o sr. Marc Haeberlin, maestro de um dos melhores restaurantes do mundo. Grande, sofisticado, com um serviço impecável, discreto e solícito.

Ganhamos uma mesa de canto, com vista para o rio e para o parque. Pedimos de entrada um dos *musts* do restaurante, o famoso *Saumon soufflé*, que merece a fama que tem. Seguimos com um *Nougat de turbot*, acompanhado de um pequeno *caneloni* de peixe. O *turbot* com a pele crocante estava divino, cozido ao ponto. Pedimos ainda um *Foie d'Oie Poêlé*, tudo acompanhado de essências, reduções, *mousses* e *purées*.

As sobremesas estavam impecáveis, com grande inventividade, como os *sorbets* de chicória e de *kougloff* (um doce de natal típico, à base de nozes e frutas secas).

Para acompanhar, um vinho da Alsácia, é claro, um *riesling* Kientzler Geiberg 2000, suficientemente seco para respeitar minha implicância com os vinhos muitas vezes adocicados da Alsácia.

No capítulo café e infusões, deparamos com uma *tisane* de flores do Kalblin, a área de Fréland onde estamos hospedados.

A conta não abateu o nosso estado de graça e tentamos fazer nova reserva ainda no período de nossa estada, sem sucesso. Férias da casa de 1º a 8 de janeiro.

Nos dias seguintes tivemos que contar, com detalhes, nossa ida ao Auberge de L'Ill para os vizinhos que se engajaram na faina que nos permitiu chegar a Illaeusern. Nenhum deles havia estado no restaurante e seus olhos brilhavam com nossa descrição.

Falando em nevasca: chegamos a Sigolsheim, vindos de Strasbourg, para encontrar o sr. Sparr, Bernard Sparr, proprietário da casa que alugamos. Após a degustação de alguns vinhos do Domaine Pierre Sparr (pai de Bernard), fomos a Kaysersberg e daí para Fréland e o Kalblin, zona montanhosa que domina o vale de Fréland, na fímbria da floresta de Vosges. Eu, pilotando minha valente Fiat Panda, com tração nas quatro rodas, e Bernard no seu possante Audi. Tanto a autoestrada A-35 (Strasbourg-Colmar) quanto as estradas nacionais e distritais estavam limpas da nevasca do dia anterior.

Quando entramos na "nossa" estrada, que estava com 15cm de neve, ficamos à mercê de Bernard para mostrar o caminho, pois a estrada havia sumido. Nossa casa fica a cerca de 700m de altitude, acima da cota de 600m, onde neva com mais frequência.

Maggy não ficou nada animada com a possibilidade de ficarmos bloqueados no meio da neve, e mal escutou as detalhadas explicações de Bernard sobre a casa.

Foi uma primeira impressão, meio traumática, e Maggy se sentia *catastrofée*.

A responsabilidade era toda minha, pois, pela primeira vez em todas as nossas viagens, havia visto a casa apenas por fora e o local, isolado como era.

Em agosto de 2004, aproveitei uma viagem de negócios a Paris: fui em um fim de semana a Kaysersberg, que muito me havia impressionado em viagem na década de 1970.

Já havia me correspondido com o Office de Tourisme de Kaysersberg e fiquei conhecendo Martine, a eficiente gerente do Office. Por coincidência, fiquei hospedado no Hôtel des Remparts, um excelente três estrelas, e a proprietária, Mme. Keller era ainda a presidente do Office.

Minhas especificações para a casa a ser alugada eram:
1. Cozinha bem-equipada.
2. Casa independente.

3. Lareira.

4. Dois quartos.

Como na região existem muitos apartamentos ou alojamentos em parte de uma casa, fiquei reduzido a três possibilidades, inclusive a assim chamada "Le Petit Paradis".

Devo dizer que o que mais me atraiu foi o e-mail do proprietário, bernard@alsace-wines.com. Evidentemente, tratava-se de boa gente.

Andando pelo Kalblin com o carro alugado em Strasbourg, fui atrás do "Pequeno Paraíso" em uma busca infrutífera.

Voltei a Kaysersberg, que fica a 5km de Fréland, Martine deu-me novas indicações e voltei a me perder em um labirinto de pequenas estradas e passagens.

Afinal encontrei uma pessoa, um corpo quente, um bípede que me deu uma intricada explicação de como chegar à casa. Após horas de busca, tinha certeza de que não ia dar certo, e então disse:

— Caro amigo, o senhor está subestimando minha capacidade de me perder. Por favor, venha comigo e mostre-me o caminho.

Fiquei conhecendo então aquele que ia se tornar um grande amigo, Jean Christophe Hurstel, que na ocasião estava acompanhado de seu filho, Nathan, de sete anos.

Assim, aluguei a casa, após rápida visita, quando Jean Christophe me apresentou a outros vizinhos e senti que estava em casa.

Havia me correspondido com meu futuro vizinho, que me pediu que o avisasse quando chegasse.

Fomos então convidados no meio da tarde para uma infusão, uma *tisane* de ervas e flores do Kalblin, na casa de Jean Christophe, sua mulher, Heike, e o segundo filho, Elias. Na volta, a pé, passamos pela casa de nossos vizinhos mais próximos, o casal Demoulin e seus filhos, que também se tornaram amigos íntimos. No momento em que escrevi esta página, fui buscar alho-poró na casa de Pascal e Françoise, que me fazia falta para cozinhar uma *Bäckeofe*, prato típico da Alsácia, que, por sinal, ficou ótimo.

Traçando um círculo de raio de 30km, temos ao norte, como limite, a cidade de Barr, a oeste, Senones e Gerardner, ao sul, Guebwiller e a leste, além do rio Reno, Breischam Rhein, no caminho de Freiburg. Dentro do círculo, maravilhas como Haut-Kœnigsbourg, Sélestat, Ribeauvillé, Riquewihr, Illhaeusern, Lapoutroie, Kaysersberg, Orbey, Colmar e muitas outras pequenas cidades na rota dos vinhos, alguns com nomes impronunciáveis, como Niedermorschwihr.

De saída, não há como falar na Alsácia sem destacar a gentileza do seu povo, que nos cativou. Foi esse calor humano, tipificado pelas nossas visitas aos vizinhos no dia da chegada e de seus oferecimentos de préstimos que acalmaram Maggy, na sua traumática chegada àquela filial da Sibéria.

Três dias após nossa chegada, tivemos outra nevasca, com temperaturas de menos 10ºC. A essa altura, havíamos nos convencido do valor da tração nas quatro rodas e do calor da nossa lareira, e, mesmo assim, lá fomos nós para o Marché de Nöel em Colmar.

No Natal fomos convidados pelos Hurstel para passarmos a noite na casa dos pais deles, com a família, o que se transformou em oportunidade memorável. O M. e a Mme. Hurstel, Joseph e Josée, são pessoas adoráveis, professores, como o filho Jean Christophe.

Heike é alemão e, como muitos alsacianos, a família é bilíngue. A noite começou com cantos de Natal em ambas as línguas, seguido de um lauto jantar, na sala da casa de pedra com enorme lareira do sr. Hurstel pai. Fomos agraciados com presentes dos filhos, que passaram a decorar nossa casa. Noite imperdível.

Os Demoulin nos convidaram para um grande jantar com amigos parisienses no dia 30 e para a noite de Réveillon, no dia 31.

No dia 30 éramos quatro casais, e os parisienses mostraram-se excelente companhia, alegres e simpáticos.

Quando fui convidado, estava pronto para fazer um *cassoulet* com ingredientes excelentes, comprados no *marché* e delicatéssens de várias cidades. Assim, pedi à dona da casa para levar o meu *cassoulet* para oito pessoas, e Françoise confiou na minha não provada capacidade como cozinheiro. Devo dizer que fiz uma quantidade suficiente para 12 pessoas e comeram tudo, acompanhado de grande manifestação de regozijo.

Ingredientes franceses de primeira qualidade, o vinho que acompanhou o *cassoulet* foi um Pécharmant, Château Revelle 2002. Nenhum dos presentes conhecia os vinhos de Bergerac, muito menos o Pécharmant, vinho robusto, encorpado, um tanto rústico como o prato que o acompanhava.

De entrada comemos excelentes *escargots* do Kalblin e de sobremesa, uma *Buche de Noël*, após os queijos. Excelentes *eaux de vie*, que na Alsácia se produz com grande competência, e um Armagnac de 1956 de deixar saudades.

Dia 31, canapés de caviar, patê e salmão defumado com *crémant d'Alsace*, seguido de uma corsa assada com *purée de carotes* e rico molho. Vinho Château Tayac, de Margaux 2000. Françoise tem uma amiga *afineur de fromage*, que preparou um prato fenomenal, coroado com um queijo Livarot de deixar saudades.

Madame, evidentemente, cozinha muito bem e foi muito gentil em aceder com a minha ousadia da véspera, com o *cassoulet*.

A comida da Alsácia é farta, pesada, baseada em carnes: vitela, porco e boi. Muitas linguiças e salsichas. O prato típico é a *choucroute Garni*, geralmente com três carnes, incluindo ainda *bacon*. Vai bem com o frio.

Bebe-se essencialmente os vinhos da Alsácia, com predominância do *riesling*.

Kaysersberg é a nossa cidade de apoio, a 5km de distância. É onde está o restaurante La Vieille Forge, da sra. Gutleben: simpática e eficiente, com uma cozinha refinada, descanso para a pesada comida local. É, ainda, onde está o *épicier*, os supermercados, o *charcutier*, o *boulanger*, a lavanderia e a casa de fotografia e a cooperativa de vinhos Kaysersberg, com vinhos de ótima relação custo-benefício.

Ao norte, as cidades medievais de Riquewihr e Ribeauvillé, a oeste, Lapoutroie e Orbey, a leste, Houssen, com um enorme centro comercial que inclui um gigantesco supermercado Cora, onde se encontra praticamente de tudo.

Colmar, a 10km, é uma cidade linda, com ótimos restaurantes e a zona de canais e ruelas, com casas medievais, a Petit Venice.

Em Riquewihr achamos um restaurante único: o barão Pierre von Werlhof criou um restaurante de uma única mesa, onde recebe no máximo quatro pessoas. Em um ambiente finamente decorado, uma cozinha respeitável, tendo o barão, ex-estagiário do Auberge de L'Ill, como *chef*, comemos uma omelete de trufas perfeita, seguida de uma maçã *epicé* assada por um gênio.

O que releva salientar é que a escolha de Kaysersberg/Fréland foi, realmente, um achado, pois em um raio de ação de 30km pode-se facilmente passar férias de um mês, tendo muito para ver.

Terminamos, assim, o ano de 2004 com três semanas de viagem.

Com a chegada de Salomão e Elvira, fomos mostrar os pontos notáveis da região: Colmar, Kaysersberg e o imperdível castelo de Haut-Kœnigsbourg.

Paris, Megève, Haute Savoie I

(2005/2006)

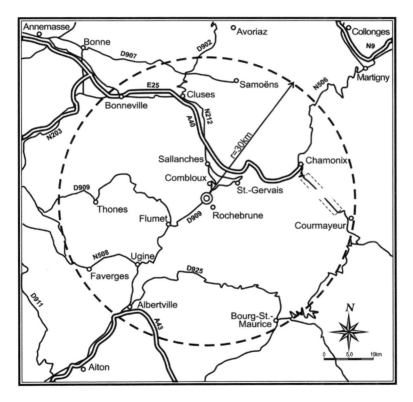

*V*iajamos sempre no dia 9 de dezembro, para nossas férias na França. Gostamos do inverno e do frio, e assim passamos de quatro a cinco semanas em viagem, voltando quase sempre dia 15 de janeiro.

Por que 9 de dezembro? Esta é a data limite da baixa estação, portanto as passagens aéreas ficam mais caras a partir desse dia. Como planejamos a viagem com grande antecedência, podemos aproveitar o preço baixo.

Para não frustrar os netos com nossa ausência no Natal, declaramos uma data conveniente para todos, no início do mês de dezembro, e fazemos uma grande festa na tradição sueca, com cantos de Natal em sueco, que toda a família aprendeu. *Hellan Go!*

Por ocasião dessa viagem, em dezembro de 2005, nosso neto mais velho, Erik, já estava com 12 anos, e como manda a tradição entre os Temporais, levamos o neto para Megève.

Combinamos passar uma parte das férias em Paris, já que tínhamos que apresentá-la ao Erik.

Tudo arranjado e planejado, Erik ficou em recuperação no colégio, o Santo Inácio, e só pôde ir, sozinho, na semana seguinte. Eu e Maggy passamos uma semana no apartamento que tínhamos alugado no Marais, na *rue* Saint-Antoine 115, no 4ème, que é uma continuação da *rue* de Rivoli.

O Marais já era nosso velho conhecido, pois tínhamos alugado um apartamento na *rue* Simon Le Franc, nº 10, no 4ème, ao pé do Beaubourg. Agora íamos para o extremo oposto, quase na *place* de La Bastille.

O Marais é um dos bairros mais antigos de Paris. A casa de nº 51 da *rue* de Montmorency é considerada a mais antiga da cidade. A fama de ser o mais antigo mercado coberto de Paris é do Marché des Enfants Rouges (*rue* Charlot).

Os habitantes do Marais compõem um grupo heterogêneo, com artistas, homens de negócios, entregadores, músicos, rabinos encasacados e barbudos, todos andando apressadamente em estreitas ruas medievais. Aqui um restaurante da moda, ali um grupo de galerias de arte, acolá casas de chá, bares com balcões de zinco e restaurantes árabes, japoneses, africanos, suecos e até mesmo franceses.

A ilha de Saint-Louis pertence ao 4ème, no limite sul, no braço mais estreito do Sena. A minúscula ilha tem, além dos cais da beira do rio Sena, apenas uma rua ao longo de todo o seu comprimento, a *rue* Saint-Louis, *uncontournable*, cheia de ótimos restaurantes e transbordante de charme.

Do outro lado da *rue* Saint-Antoine, entrando pela *rue* de Birogue, a belíssima *place* des Vosges, um dos pontos altos de Paris, perto da qual, em uma viagem, em época de hotéis lotados, aluguei um enorme apartamento de sete quartos, na falta de outro alojamento. Viagem de negócios, evidentemente.

Em um canto da praça quadrada, o fabuloso restaurante L'Ambroisie, nº 9. Escrevi sobre ele em *Bom tempo na França*: suntuoso, excelente, muito caro.

Maggy e eu aproveitamos a semana em que estávamos a sós em Paris para mergulhar no Marais.

Nosso prédio na *rue* Saint-Antoine tinha o metrô Saint-Paul quase à porta, que era tomada por um *clochard* enorme em altura e largura, que vivia lendo grossos livros de filosofia e resmungava coisas ininteligíveis, embrulhado em uma manta azul. Prestando atenção podia-se distinguir, entre seus resmungos, uma séria implicância com a figura de Mitterrand. Mais de uma vez, retornando à noite, com um frio cortante, encontrávamos a caminhonete do serviço social tentando convencer o filósofo a seguir com eles para um abrigo, sem despertarem a menor receptividade. Deixavam sanduíches e copos de isopor com sopa que eram ignorados pelo mendigo.

Descobrimos que a vizinhança do Marais era altamente caridosa, e sendo época de festas, deixavam salmão defumado e champanhe para o nosso amigo, que só abandonava seu posto à porta no nº 115 em noites muito frias, abaixo de 0°C, quando instalava sua manta e seu corpanzil em uma das grades de saída de ar quente do metrô. Embaixo do prédio havia um supermercado, e encontramos mais de uma vez o filósofo comprando uma embalagem de seis cervejas.

Nosso prédio tinha dois blocos: o da *rue* Saint-Antoine, com um jardim atrás, e nosso bloco em seguida. Nossas janelas davam, portanto, para o jardim. Tínhamos quarto, sala, banheiro e cozinha no andar térreo e um apartamento com quarto e banheiro no piso acima.

Do outro lado da rua Saint-Antoine fica a praça Sainte-Catherine, e logo no dia da nossa chegada, sábado, fomos à feira livre da praça comprar pães artesanais, queijo, linguiças e outros que tais típicos. A visita ao supermercado, no mesmo prédio em que estávamos, supriu nossas demais necessidades imediatas.

Temperatura à noite: 0°C. Passamos o domingo na ilha de Saint-Louis, almoçando no *Mon Vieil Ami*. Anotamos todos os restaurantes que pretendíamos conhecer, passando repetidas vezes pela sorveteria Berthillon, a mais famosa de Paris. Os franceses tomam sorvete no inverno. Fomos ainda, de manhã, à feira da Bastille (quintas e domingos) e ficamos fregueses. É um prazer cozinhar na França, com a matéria-prima disponível. Afinal, *le produit c'est tout*.

No dia 13 de dezembro, dei uma palestra no curso de administração da Universidade Dauphine, onde minha amiga Inez Schreiden era professora. Tema: "Cross Cultural Management".

A semana foi curta, já que na quarta-feira, dia 14, fomos a Londres no trem Eurostar, saindo da Gare du Nord às 9h10 e chegando à estação de Waterloo às 10h58 (com uma hora de diferença). Fomos visitar nossos antigos amigos Robert e Moo Broughton, ele ex-presidente da Shell no Brasil e ela a inglesa mais encantadora que há.

Almoçamos no extraordinário Club Gascon, 57, West

Smithfield, onde comi o melhor faisão da minha vida, na companhia de nossos queridos amigos, dos quais tenho tanta saudade.

Fomos ainda conhecer a fantástica roda-gigante "The Eye" e ainda tivemos tempo de perambular por áreas que conheci em minha juventude. O Eurostar das 17h42 chegou às 21h17 (a diferença horária entre Paris e Londres é de uma hora) pontualmente. Sensação estranha, viagem internacional sem uma bolsa sequer.

Tratamos, no restante da semana, de fazer um programa "adulto", que, possivelmente, não agradaria a Erik. Fomos almoçar e jantar com amigos: Inez Schreiden, Edmond Viviand, diretor da Câmara de Comércio de Paris, grande apreciador e conhecedor da cozinha e do vinho da França, e Denis e Véronique Zervudacki, ele advogado famoso e ex-diretor do Medef*. Também fomos visitar exposições como a dos "Pintores austríacos", no Grand Palais, e a "L'Âge d'Or des Sciences", no Institut du Monde Arabe.

Na sábado estávamos aflitos com a chegada do nosso "netinho" de 12 anos, viajando sozinho, e foi com grande satisfação que vimos o Erik na sala das bagagens, através do vidro. Lembro-me de que ele me pareceu enorme, junto dos passageiros franceses, em geral mais baixos. Ele percebeu nossa euforia e entusiasmo, mas "ficou na dele". Parece o pai, Marcos, muito tranquilo. Para nós, eu e Maggy, ele tinha passado por um feito heroico.

---

* Medef: Mouvement des Entreprises Françaises.

No domingo, fomos levar o Erik para conhecer o canal Saint-Martin, na Bastille, e cantar canções francesas na *rue Mouffetard*, no programa que eu aprecio muito e que descrevo pormenorizadamente em outra parte deste livro (Ver página 116). Encontramos nossos amigos Gilles e Zoe Gerteigny, com o irmão Alfred Gerteigny, e fomos almoçar no Bairro Chinês, no restaurante Asia Palace. Comemos muitíssimo bem, com a facilidade de podermos pedir uma infinidade de pratos, já que nenhum de nós tinha restrições alimentares.

A segunda-feira foi dedicada ao Louvre e Erik mostrou particular interesse na história da Mesopotâmia e da Babilônia (minhas preferidas também).

Na terça-feira, 20 de dezembro, fomos fazer um dos meus programas prediletos de Paris, programa para todas as idades: La Villette, a cidade da ciência e programa para um dia inteiro. O tema da exposição temporária era "Guerra nas estrelas", com reproduções de naves espaciais, robôs, heróis e heroínas, monstros e outros bichos. As exposições permanentes do mundo da física, eletricidade, mecânica, acústica etc. foram coroadas com o filme *Forces de la nature* no fantástico cinema de 180°, o Geode. Erik queria voltar a La Villette, o que também aconteceu com o Gabriel.

Fomos com Erik aos museus importantes como o Quai d'Orsay, Histoire Naturelle, Cluny, Carnavalet, mas o que ele mais gostou foi o Beaubourg e, em especial, a sessão de arte contemporânea. Para nossa surpresa, ele arranjou caderno e lápis e ficou copiando telas.

Surpresa foi igualmente sua disponibilidade para ajudar o *chef*, em casa. Ficou especialista em omeletes, ovos mexidos e outros pratos do café da manhã.

No dia 23 de dezembro tirei o dia de folga e Maggy foi com o Erik à Euro Disney, coisa que ele gostou muito. Também queria voltar.

Dia 24, véspera de Natal, fizemos uma jornada turística, com direito ao Arco do Triunfo e à La Grande Roue, a roda-gigante da *place* Concorde, bem como ao Jardin des Plantes.

Nossos jantares de Natal são sempre temáticos, baseados na tradição sueca, com salmão, arenques diversos (*sill*), caviar e, com a adição dos ingredientes locais, o *foie gras* e a *brouillade* (ovos mexidos com trufas). Tinha comprado uma trufa fresca de 60g que, cortada em lamelas finíssimas, deu um gosto extraordinário a uma omelete de seis ovos, com direito a porção extra para decoração. Segredo: ovos fresquíssimos, fogo baixo, paciência e carinho. Fotografamos todo o procedimento para os arquivos do Erik, e espero que ele tenha oportunidade de fazer muitas *brouillades* na vida.

Maggy fez uma lista de "coisas a fazer" com o Erik em Paris, e foi meticulosamente riscando o realizado. Domingo de manhã, dia de Natal, foi a vez da imperdível missa na Notre-Dame, com direito a coral e toda a pompa e circunstância que cerca a solenidade.

Segunda e terça-feira, 26 e 27 de dezembro, nevou em Paris, para satisfação de Erik. Terça-feira fomos almoçar no restaurante Ourcine, na *rue* Broca, no 13º *arrondissement*, que o meu amigo José Elias Salomão mantinha como segredo. Localizado perto do apartamento dele em Paris, era desconhecido, de excelente qualidade e bom preço. Agora já posso divulgar, pois o Ourcine foi descoberto, premiado e agora vive lotado, que era o que ele queria evitar. Almoçamos com José Salomão e Elvira, companheiros regulares de nossas viagens. Na casa deles passamos o *Réveillon* de 2005/2006, em torno de uma mesa digna de Pantagruel. Naquela data já tínhamos deixado o apartamento alugado e passado para o "nosso" hotel, o l' Abbaye, para apresentá-lo ao Erik, e assim buscar manter a tradição de ter um canto em Paris que a família possa se sentir em casa, já que somos tratados de forma carinhosa e amiga.

Dia 2 de janeiro de 2006 fomos a Megève, para o apartamento 12 do Chalet le Gentilhomme, no Impasse des Cerisiers, em Rochebrune.

Erik se mostrou um promissor aluno de *snowboard*. Logo ao chegar, fomos providenciar o aluguel do equipamento e os acertos com a École d'Sky para selecionar um instrutor que falasse inglês, a língua que Erik dominava.

Fiz questão que Erik esperimentasse o esqui um dia e o *snowboard* em outro, para escolher, e ele preferiu o último.

Após mais dois dias de dificuldades e tombos, ele, com muita perseverança, começou a se empolgar com a emoção de descer a pista toda sem uma queda. Eu e Maggy, que já havíamos passado pela experiência com Anna e Marcos, nossos filhos, ficamos encantados.

Fomos a Megève pela primeira vez no início dos anos 1970 e ficamos fregueses. É uma cidade encantada à qual voltamos com os filhos e para onde voltaremos com todos os netos.

Neuil, Vale do Loire

(2006/2007)

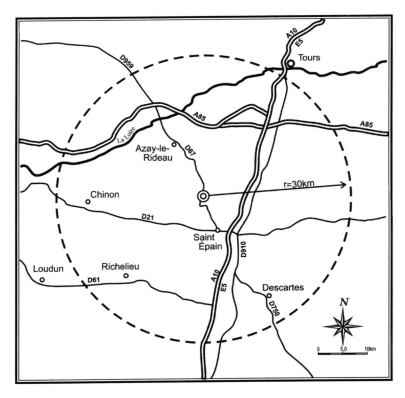

*D*ezembro de 2006.

Bons tempos em Neuil, pequena cidade no Vale do Loire, de 370 habitantes, no departamento da Indre-et-Loire.

Em nosso primeiro reconhecimento da cidade onde passaríamos as próximas quatro semanas, fui procurar o prefeito, a sra. *Le Maire*, uma pessoa fina e simpática, que nos acolheu generosamente, em que pese o inusitado de nossa visita.

Expliquei que éramos dois brasileiros que haviam alugado a casa dos Peurichard, "Les Ruaux", e que éramos, portanto, os novos habitantes de Neuil, que passava assim a ter 372 almas.

Tendo nos colocado sob a proteção da sra. prefeita, fomos visitar em seguida a autoridade eclesiástica, o pároco da aldeia. A igreja dos séculos XII e XIII e a prefeitura são vizinhas e os únicos grandes e imponentes edifícios. A notícia afixada na porta da igreja deixava clara a irregularidade da presença do padre, não sendo possível atender a essa parte do cerimonial.

Sou fã da história dos Platters, a família que realizou longas viagens pela França no século XVI, saindo da Basileia e atravessando Genebra, descendo pelo Rhône até Avignon, daí de Montpellier e Uzès, terminando pela Catalunha e a Inglaterra, antes de retornar à Basileia. O mais novo dos Platters, Thomas, viaja entre 1595 e 1599, seguindo os passos de seu irmão, Félix, cinquenta anos antes.

Thomas se apresentava às autoridades locais e eu trato de fazer o mesmo*.

Tendo visitado a sra. prefeito, seguimos em direção à rua do Comércio, que vem a ser uma seção da rodovia D-57, oriunda de Saint-Épain, 4km ao sul, e segue para Villaines-les-Rochers, 6 km ao norte.

Neuil está equidistante de Azay-le-Rideau 12km a noroeste e Sainte-Maure de Touraine, 12km a sudeste de Neuil.

Muito de nosso conforto e bem-estar em Neuil foi devido ao Bar de la Promenade, na Grand Rue. Trata-se do único comércio da cidade, com bar, restaurante (Plat du Jour), depósito de pão, jornaleiro e minimercearia (*épicerie*), gerenciado com competência e bom humor por Isabelle e toda a família Aubecq — a mãe, que se ocupa das panelas, Patrick, o marido, e os filhos que se revezam neste *shopping* que fica aberto sete dias por semana.

Em todas as minhas viagens à França, dependi dos comerciantes de *épices, fruit et legumes*, padeiros, açougueiros, para encontrar e interagir com os locais.

Le Voyage de Thomas Platter 1595-1599 (Le Siècle des Platter II), ed. Fayard.

Em Neuil, o único ponto de encontro da cidade é o Bar de la Promenade, cheio de manhã e pelo almoço e transbordando no fim do dia.

Acertei com Isabelle minhas necessidades de quatro semanas, que incluía o jornal *Le Figaro* e a bisnaga tradicional. Assim, toda manhã eu ia buscar o jornal de Paris, que os locais não leem — somente o pasquim da região —, e tomar o excelente café de Isabelle.

Ao final do dia, antes de voltar a casa, voltava para outro café, acompanhado de um *calvados* (*Le Calva*). Assim me enturmei com os tipos locais, uma mistura de gente fina e tipos rudes, estes os mais interessantes. Levei tempo para obter de Marco mais do que um grunhido em resposta à minha saudação. Marco, o "quebra-nozes", pelo seu aperto de mão truculento, fez com que Maggy o cumprimentasse de longe.

Estávamos muito contentes com a casa que alugamos, um *Gîte rural de charme 3 épis*, no nº 2 da *rue* de la Fontaine, conhecido como "Les Ruaux".

"Les Ruaux"

De todas as casas que havíamos alugado, até então, na França, esta era a única que se rivalizava com a de Saint-Rémy, que infelizmente foi vendida e não está mais disponível.

"Les Ruaux" tem, antes de tudo, um bom astral e foi construída com amor e carinho por seus proprietários, que equiparam a casa com todo o conforto. Nada faltava e tudo era de boa qualidade. A bateria de cozinha é para *chef* algum botar defeito e a louça, talheres e copos seriam suficientes para uma grande festa. Fizemos nosso julgamento antes de nos tornarmos amigos dos Peurichards, a quem somos muito gratos.

Tenho alguma experiência sobre as perguntas que me fazem sobre casas de férias na França.

Por que o Vale do Loire?

Queremos sempre um pouso tranquilo em uma pequena cidade, sem engarrafamento, cercada de atrações, como monumentos e vinhedos.

No caso do Vale do Loire, aí se encontra o Jardim da França, local escolhido pelos reis e rainhas franceses para sua residência no campo. Há tantos *châteaux* na região que o *Guide Vert* da Michelin chama-se "Châteaux de la Loire", nº 9.

Tendo escolhido nosso alvo para o ano, achamos por bem ficar no centro geográfico, a Touraine. Como sempre, necessitamos da proximidade de uma cidade grande, para apoio logístico. Escolhemos Chinon.

Por que Neuil?

Procuramos na internet uma casa disponível nos arredores de Chinon, com as seguintes características:

1. 3 *épis* ou seja, três estrelas. As casas de quatro *épis* são diferentes por serem maiores.

2. Casa com cozinha bem-equipada. Ponto absolutamente imperativo.

3. Dois quartos, para podermos receber amigos.

4. Lareira.

Na área estudada, achamos quatro ou cinco casas com essas características e optamos pela "Les Ruaux" após estudo das fotos na internet.

Acertamos na mosca! A casa era um charme só. Construção sólida de pedras e, o que somente iríamos descobrir mais tarde, com um casal de proprietários que se tornaram grandes amigos.

Como alugar?
. Procurar *Gîtes de France* na Internet;
. procurar a região (Touraine, Vale do Loire);
. endereço na internet: www.gites-touraine.com;
. e-mail: reservation@gites-touraine.com;
. é necessário escolher a casa e mencionar o número. No nosso caso, o 15.291;
. sinal para reserva de 25%.

Transporte
O programa de férias em casa alugada na França não seria possível sem um veículo à disposição, que permita não somente o deslocamento no início e no fim da estada, mas um sem-número de pequenas excursões pela região-alvo. Em 28 dias, andei 3.285km, contando duas viagens de 308km cada (CDG*—Neuil—CDG), ou seja, menos de 100km por dia, o que vem a ser a média de todos os meus *leasings* de carros na França.

---

* CDG: Charles de Gaulle.

Endereço da Renault Eurodrive: www.nettvoyages.com.br e nettvoyages@nettvoyages.com.br.

Direção de vendas especiais para exportação (*leasing*) na França:

Tel.: 33(1) 4040.3232 — Fax: 33(1) 4040.3494.

Já usei os carros Peugeot-Citroën, também pelo sistema de *leasing*, com sucesso e não sei explicar a razão da cambiante preferência.

Peço um pouco mais de paciência aos gentis leitores, se me detenho com os detalhes organizacionais da estada, mas são justamente estes detalhes os mais demandados por quem queira se aventurar na "França profunda".

Para a viagem do aeroporto a Neuil, seguimos o roteiro aconselhado pelo Michelin (308km do CDG ao centro de Neuil), sempre com alguma hesitação e dificuldades na *périphérique* (na ida e na volta).

Quando se toma posse de uma casa na França, a despensa está, via de regra, produzindo eco. A primeira providência é, portanto, abastecer de víveres, não somente para as primeiras refeições, mas igualmente dos itens que por serem perecíveis podem ser comprados inicialmente. Junte-se ainda a lista dos ingredientes que não são encontrados facilmente no Brasil, como *piment d'espelette*, *panceta*, *tapenade*, *crêpe dentelle*, *échalotes* e o mundo de *champignons* que fazem a alegria do *chef*.

As compras iniciais são uma festa: o *petit salé* com seu acompanhamento de lentilhas de Puys, os vários tipos de batatas francesas, os queijos e a charturerie, sem esquecer o *foie gras* que Maggy ama mais que tudo.

Neuil é equidistante dos dois supermercados da região, o de Sainte-Maure de Touraine (Intermarché) e o de Azay-le-Rideau (Champion). Tendo providenciado o básico para a alimentação, fiquei livre para as compras do dia a dia nas feiras, incluindo frutas, legumes, peixes e frutos do mar.

O que releva salientar é a sensação de plenitude, de alegria e *joie de vivre*. Nossa receptividade para sons, imagens, gostos, cores é excepcional, o sentimento perduraria por toda nossa estada.

CHINON

Subimos as escadarias que saem da praça principal de Chinon até o castelo. Um exercício e tanto. O castelo está boa parte em ruínas, no entanto, guarda sua dignidade histórica, com a magnífica vista da cidade e do rio.

Céu azul e temperatura de 5°C. No castelo, o museu Jeanne d'Arc.

Memórias de uma viagem anterior, em 1979, com os filhos, quando ficamos no Château de Marçay, perto de Chinon.

Voltamos ao restaurante que havia nos agradado tanto, 27 anos antes, o Gargantua. Coisa perigosa, esses retornos ao passado. O Gargantua faz parte da Hostellerie Gargantua e continua sendo um excelente restaurante.

Desde Chinon percebi que deveria estudar a história da realeza francesa e contei com Maggy para importantes informações sobre o intricado tema.

Minha sensação de bem-estar e alegria pode possivelmente ser explicada pelo nível de serotonina no sangue. Certamente complementado pelo copo de vinho branco de Chinon, bebido no *négociant de vin*, na praça principal.

Ao fundo da praça, à beira do rio, a estátua do mais famoso dos habitantes de Chinon, Rabelais, a quem fui prestar minhas homenagens pelas magníficas leituras que me proporcionou.

CRISSAY-SUR-MANSE E A ROUTE DU VIN

Há na França uma classificação oficial dos cem mais belos vilarejos, *Les Plus Beaux Villages de France*. Crissay foi descoberto *in loco*. Trata-se de um harmonioso conjunto de casas de pedra, em torno da praça do poço. Do lado oposto da entrada, um excelente *bar-à-vin* com vinhos de Chinon de boa cepa e pessoal gentil e competente.

É aí que começa a D-21, a rota dos vinhos, de Crissay a Chinon. Vinhedos em ambos os lados da estrada, passando por Avon-les-Roches, Panzoult e Cravant-les-Coteaux, que produzem vinhos de qualidade, com os quais nos familiarizaríamos durante nossa estada.

A *appellation* é Chinon, do qual tinto é feito com a uva Cabernet Franc, cujo paradigma, no *bordelais*, é o Cheval Blanc, o rei dos Saint-Emilions. Cabernet Franc é uma uva nobre, a que melhor se adaptou ao solo e às condições climáticas da Touraine.

Do ponto de vista enológico, estávamos muito bem-situados, mesmo em relação a Bourgueil, ao norte de Chinon e Saint-Nicolas de Bourgueil, a oeste de Bourgueil. Ambos os *terroirs* produzem um Chinon diferenciado e muito apreciado, em que pese a casta ser a mesma dos Chinons. Bourgueil tem a melhor feira livre da região. Os Chinons de supermercado são vendidos entre três e quatro euros a garrafa, podendo chegar a 13 euros, como no caso do extraordinário Clos de l'Echo, cujo vinhedo fica em frente da entrada do castelo de Chinon.

Azay-Le-Rideau

Uma das determinantes na escolha de Neuil para nossas férias foi a proximidade de Azay-le-Rideau, nosso castelo favorito no Vale do Loire. Em viagens anteriores tínhamos visitado a maioria dos castelos do Loire, mas Azay-le-Rideau nos parece único, diferente e construído na escala humana. Saído das águas do Indre, majestoso e, de certa forma, amigável, pode ser visitado no espaço de tempo que se leva para abrir o apetite para o almoço.

Praticamente todos os castelos da região têm suas lareiras em funcionamento no inverno, o que torna as visitas muito mais agradáveis.

Azay tem uma minifeira na praça do estacionamento, meio raquítica, onde sempre podem ser comprados ingredientes para a salada, como endívias e rabanetes.

Para colocar as coisas em perspectiva, Tours, a grande

cidade da região, tem 137.046 habitantes, Chinon, 9.117, Azay-le-Rideau, 3.175, e Sainte-Maure de Touraine*, 3.960.

RICHELIEU

No limite sul do nosso raio de ação encontra-se a cidade de Richelieu, mandada construir pelo cardeal como empreitada mercantil, em que uma área grande era valorizada por prédios nobres, no núcleo do que seria a cidade.

Richelieu foi-nos recomendada como um dos *musts* da região, e, de fato, deve ser muito interessante. Ocorre que a praça principal, enorme quadrado, estava totalmente em obras, com tratores a esburacá-la.

Salvou-nos o magnífico almoço no restaurante Le Puits Doré, à borda da cratera da praça.

TOURS

Uma semana após nossa chegada, recebemos a visita de uma inglesa (oops! Escocesa), Dorothy Gannon, viúva do querido Connal, retratado em toda a sua inimitável singularidade em capítulo do livro *De vinhos e rosas*. Nos lembramos da nossa estada com os Gannons, em Apremont, na Vendée, e convidamos Dorothy, que passou três dias muito agradáveis conosco.

---

* Saint-Maure produz o que é considerado o melhor queijo de cabra da França. É vendido em cilindros na versão simples e o "cendré", revestido de cinzas.

Por causa dos anos passados na Vendée, Dorothy fala francês muito bem e se enturmou rapidamente com a malta do Bar de la Promenade, o que reforçou minha convicção de que estavam todos se lixando para a cor de nossos passaportes.

Fomos passar o dia em Tours, já que o trem da Dorothy chegaria à noite na estação do TGV em Saint-Pierre-des-Corps, no subúrbio de Tours.

Almoçamos no Le Mastroquet nº 19, place Gaston-Pailhou, por recomendação de Yolanda Farwagi, nossa amiga de Tours, e daí por diante passamos a seguir suas orientações sem discussões.

No dia seguinte, fizemos um programa garantido de agradar aos britânicos (evito, assim, a armadilha inglês/escocês): uma visita aos jardins e ao Palácio de Villandry.

Em que pese achar os jardins franceses um pouco "quadrados" e arrumados demais para meu gosto, sou obrigado a admitir que Villandry vale uma missa.

À noite comemos um *Petit salé aux lentilles de Puys, chez nous*, que estava excelente.

No dia seguinte, voltamos a Tours para almoçar *chez* Yolanda e Robert Farwagi, com seus primos Gilles e Zoe Gerteiny. Mais uma vez, Dorothy foi um sucesso e ficou íntima dos donos da casa.

E que casa: enorme, muito ricamente decorada, com uma gigantesca piscina de água quente e uma adega com vinhos de mais de cem anos. Os que bebemos, com a caça, no almoço, eram muito mais recentes. O Vouvray selou minha paz com este vinho da Touraine, com o qual tinha sérias e coletivas reservas. Comemos tão bem com os amigos de Tours, que nos limitamos, à noite em casa, a uma modesta omelete de *champignons* de Paris e *pleurottes*.

Comparando a dificuldade de tráfego e de estacionamento entre Chinon e Tours, fiquei certo da boa escolha que fizemos de cidade-base.

Com Dorothy fomos ainda ao Château de Sache, onde está o Museu Balzac, que para mim tem a importância de ter sido o autor de meus primeiros livros "sérios".

Passamos duas semanas com temperaturas abaixo de zero ao amanhecer e no dia 20 de dezembro tive de retirar a geada que cobria o carro.

Havíamos ido ao Château d'Ambroise e ao Clos Lucé, onde está o Parque Leonardo da Vinci.

Dentro de nosso raio de ação, três dos mais belos vilarejos da França: Crissay-sur-Manse, já citada, Candes Saint-Martin e Montsoreau, muito próximos e que visitamos no mesmo dia, como descanso da dieta de castelos.

No dia seguinte, demos com o nariz na porta do Château du Rivau, fechado para o inverno. Fomos afogar nossas mágoas no melhor restaurante da redondeza, o *La Ciboulette*, em Sainte-Maure. Fiquei com vontade de encontrar mais castelos fechados.

Houve o dia em que fomos convidados dos proprietários da casa, Frédérique e Sandrine Peurichard, para um aperitivo, que acabou sendo um banquete com prova de vinhos locais.

Amuse gueles, canapés, e Pétillant rosé, 2005, Rouge sem rótulo, 2000 (da barrica) — Seleção Frédérique —, Rouge

"Les Ribottées", 2005. O mesmo em *vieille vignes* de Baudry Anton em Panzoult, como sobremesa: Coteau des Chinais 2005 — Chenin Blanc.

Nada como uma mesa farta e conversa agradável para selar uma amizade.

Frédérique, para minha surpresa, é um empresário de serviços para as vinícolas, incluindo construções e empreitada de colheita. Isso permite a ele conhecer todos os produtores da região, o que foi uma bênção totalmente inesperada. A estada em Neuil foi uma sucessão de coincidências e surpresas.

No dia seguinte, fomos ao Château de Chenonceau a cavalo, sobre o rio Cher, uma maravilha imperdível.

Na volta, no Bar de la Promenade, por ocasião do meu café e *calva*, perguntei aos presentes qual o prato tradicional da região e obtive respostas variadas: *Charbonnais* (algo com miúdos) — que por sorte não encontrei —, *Rillette*, *Coq-au-Vin*, *Rillons* (uma espécie de torresmo sem sal), *Saumon*.

Em suma, nenhuma resposta em duplicata. Conclusão: não há um prato regional.

Andando de carro com Frédérique, vi um grande galpão cheio de possantes máquinas: tratores, colhedeiras e outras não identificadas. Perguntei ao amigo empresário:

— Que são estas máquinas?

— São de uso em minhas obras e serviços.

Surpreso por ver tantas máquinas pesadas em uma aldeia tão pequena, perguntei:

— Tudo isso é seu?

— Não. É do banco.

Voltemos aos Vinhos

Os vinhedos de Chinon estão distribuídos no enorme entorno da cidade, na margem direita, anteriormente mencionada, e na margem esquerda, em Crouzilles, l'Île Bouchard (onde está o melhor supermercado da região), Tavant, Auche e Rivière.

Minha preferência pessoal fica com Cravant-les-Coteaux, perto de Chinon, na margem direita do rio Vienne, como *appelation* Chinon. Bourgueil e Saint-Nicolas de Bourgueil, os favoritos na região. Extraordinária relação custo-benefício.

O Vale do Loire começa na foz do Loire em Saint-Nazaire, passa por Nantes, Angers, Saumur, Tours, Blois, Orléans, já na bacia de Paris, e desce na direção de Clermont-Ferrand, uma distância de 1.000km. Subindo o rio no trecho entre o oceano Atlântico e Nantes, encontramos o primeiro vinho da região, o Gros Plant du Pays Nantais. Não é um encontro feliz. Produzido com a uva Folle Blanche, é um vinho desequilibrado, ácido e agressivo.

Muscadet

A partir de Nantes, as quatro *appellations*: Muscadet, Sèvre et Maine, Coteaux de la Loire e Côtes de Grand-Lieu. A uva da região é a Melon de Bourgogne. A indicação no rótulo SUR LIES significa vinificação sobre a borra, que aumenta a complexidade do vinho.

É vinho de acidez elevada, por vezes com ligeira efervescência, que foi descrito por um grande conhecedor como "um vinho bom para saladas" devido à acidez desses pratos.

Por vezes se encontra algo de interessante como o "Le Pin" de Xavier Gouraud 2001 (não confundir com o fabuloso Le Pin, do Pommerol), o Domaine de Pierre Lagrange 2002 ou o Château La Ragotière 2001.

Anjou Et Saumur

Em Anjou e Saumur começam os vinhos brancos mais sérios, vinificados a partir das uvas Chenin, Sauvignon e Chardonnay.

Aqui começam os *rosés* e os *rouge*, ambos produzidos com a Cabernet Franc, no caso dos rosés, com a possível inclusão de algum Cabernet Sauvignon.

Minha escolha na região fica com o Anjou-Villages, Côte de la Houssaye 2003 e o Vignerons de Saumur 2005.

Os *rosés* estão na moda. Paciência. Há que esperar a moda passar. O que há de melhor nos *rosés* d'Anjou é a lembrança dos Três Mosqueteiros.

Touraine

A Touraine, próxima região rio acima, já foi descrita anteriormente. Os *rosés* da região são produzidos por um grande número de cepas. Uma nota sobre o espumante Vouvray. Não creio que seja melhor que os novos espumantes brasileiros, o que produzimos de melhor em vinhos.

As Vinhas do Centro

Existem oito *appellations* na região central, duas das quais de grande importância: Sancerre em *rouge*, *rosé* e *blanc* e Pouilly-Fumé, em branco.

Há anos, examinando minhas anotações sobre vinhos, os famosos caderninhos pretos, dei-me conta de que bebo muito Sancerre branco. Dois motivos me levam a tanto: a uva Chardonnay produz um excelente vinho e a relação custo-benefício é ótima.

Os *rosés* de Sancerre são produzidos com a Pinot Noir e se deixam beber como aperitivo. Acompanham especialmente bem a *tapenade*, sobre pão grelhado.

Em Pouilly-Fumé, totalmente em branco, a uva sauvignon substituiu a Chasselas, original. É outro vinho de boa relação custo-benefício. É incrível o número de pessoas que confundem o Pouilly-Fumé com o Pouilly-Fuissé, este um vinho do Mâconnais, na Borgonha, que rivaliza com o Chablis como um dos grandes vinhos brancos da França.

La Bouride! Passei um mês inteiro tentando me lembrar do nome dessa magnífica sopa de peixes que fiz para aproveitar os que eu havia comprado na feira de Bourgueil.

Minha cozinha é do *marché*, com as coisas frescas compradas no dia. Das coisas frescas mais fáceis de encontrar na França, no inverno, é o alho-poró, o *poireau* de todas as feiras e mercados. A sopa de *poireau* é uma delícia para as noites frias de inverno.

Sempre mantemos o termostato de nossas casas em 17°/18°C, que para nós é conforto térmico. Quando acendemos a lareira, a temperatura da casa sobe além de 18°C, o que faz com que o automático da calefação se desligue. Assim, dependemos apenas da lareira à noite, para o aquecimento.

Voltando à cozinha do *marché*, há na França um repolho rugoso, verde-escuro, nada parecido com os espécimes brasileiros, ideal para rechear e fazer o *Chou Farci*.

As diversas variedades de cogumelos são tentações contínuas.

Tenho sempre à mão um "chouriço" espanhol, apimentado, para realçar o gosto de uma massa, como o *penne* com *pleurottes* e creme de leite.

Outro item de nosso *menu* é a sopa de repolho e legumes, servida sobre uma fatia de queijo Fourme d'Ambert, prato típico do Auvergne.

Levei algum tempo para juntar todos os ingredientes de um verdadeiro *Cassoulet de Castelnaudary*, com os feijões de Tarbes, as linguiças de Toulouse e as de alho, o *confit* de ganso (*d'oie*) e o couro do *bacon* defumado. Acabei servindo no almoço no dia 23 de dezembro, dia que passamos com temperatura abaixo de zero, adequada ao prato.

Grande comemoração do fim da nossa segunda semana em Neuil. Véspera de Natal é motivo de grande satisfação para nós, que fazemos uma ceia escandinava a dois e à luz de velas, com camarões, salmão defumado, caviar e *foie gras* sobre o excelente pão sueco *Wasa*, encontrável em toda parte na França. Além das frutas, com destaque para as cerejas, os queijos e a especialidade local, a pera *tapée*, uma pera desidratada, em passa, achatada por golpes de madeira, especialidade de Rivarennes. Fugimos, assim, da grande festa tradicional. Para não decepcionar os netos, declaramos uma data de nossa conveniência como Natal. Em 2006 caiu no dia 2 de dezembro. Eles têm, assim, dois natais por ano e nós estamos sempre ausentes do Brasil no Natal e no Ano-Novo.

No dia de Natal fiz uma importante descoberta: a excelente qualidade do *gigot d'agneau*, a perna de carneiro da Nova Zelândia. Minhas anotações dizem: extraordinário, sensacional, um sucesso.

Munido de uma tesourinha cortei ramos de alecrim no canteiro de ervas da casa — era a terceira vez que encontrávamos as *épices*, à mão, em uma das casas alugadas. Com batatas assadas *en chemise*, foi uma refeição memorável. Não tinha ideia que o carneiro da Nova Zelândia pudesse ser tão bom, pela metade do preço do *agneau* francês local, que não se compara com os grandes *agneaus* da França, o *pré-salé*, o de Sisteron e o de Pauillac, estes sim sem rivais.

O Modelo Francês

A França é um país centralizado, com um núcleo em Paris, que produz forças centrípepas, e o restante da França, mesmo seus lugarejos mais longínquos, a "França profunda", que está presa à teia do Estado unitário.

Assim, a rede de casas e *gîtes* rurais são concepção do Département de Aménagement du Territoire (Datar), o Ministério do Interior da França, autor, promotor e gestor de um vasto programa que normatiza construções, classifica os imóveis, organiza o *marketing* e supervisiona a operação. Trata-se de um programa para levar renda extra ao campo.

Antigas fazendas, casas rurais, celeiros e depósitos foram transformados em uma rede com milhares de unidades residenciais disponíveis e de qualidade previsível, segundo a categoria.

Todo esse estreito relacionamento convive com uma desconfiança "do andar de cima", dos burocratas de Paris e de Bruxelas, em constante interferência com o modo de vida do interior. Esta é a razão pela qual Neuil não compra um jornal de Paris e a edição do jornal da televisão que interessa é a parte referente à região, com ênfase na *météo*.

Andamos no dia de Natal em excursão pelas redondezas, com temperatura a -1°C. Estimulante. A sensação é de estar em um jardim com um imenso gramado, pois as plantações de colza, perto do *Gîte*, davam a nítida impressão de um enorme gramado.

Depois do *gigot d'agneau*, jantamos uma *Farandole de champignons à Provençale*, um *bouquet* de cogumelos à provençal, o que inclui necessariamente alho e tomates. Maggy, invariavelmente, com o *foie gras* de entrada, de que também gosto, mas não tão intensamente como ela.

Falando sobre *menu*, em casa tínhamos sempre um grande prato de queijo, variando entre Comté, Cantal, Marroille, Reblochon, Fourme d'Ambert, Livarot, Brie ou Cammembert e o sempre presente Saint-Maure, da região. Outro prato com linguiças variadas, algumas pequenas e crocantes (*minibaton*), outras artesanais, sem rótulo, compradas na feira, e o chouriço *incontournable*. E ainda um grande recipiente de balas e chocolates variados. Havia sempre azeitonas à mão, incluindo as pequenas pretas de Nice, *caillette*, que eu gosto tanto. Por fim, o prato de nozes da região. Jamais ganhei peso em nossas viagens, já que andávamos muito.

Esses tira-gostos nos mantinham entretidos até a hora do jantar, com flores à mesa e à luz de velas, com anotação do vinho degustado, sempre um exemplar da Touraine, Chinon, Bourgueil, Saint-Nicolas de Bourgueil, Vouvray, com incursões laterais como o Saumur, o Saumur Champigny a oeste, o Montlouis, o Cheverny e o Valençay, a leste. Vivam os vinhos franceses de ótima relação custo-benefício. Encontrei uma seleção das mais convidativas nesta viagem.

Tudo no interior é muito mais barato do que em Paris, e raramente temos dificuldade em achar algum ingrediente — da cozinha francesa, evidentemente. Goiabada, nem pensar.

Frutas ao final da refeição, com presenças constantes da pera e de *clementines*, pequenas e sofisticadas tangerinas sem caroço.

Dia 28 de dezembro, a temperatura da manhã estava em -5°, ótima para o *menu* selecionado para o jantar dos Peurichards. Tinha sondado a escolha, considerando principalmente as duas filhas do casal, Louise (6 anos) e Clémence (2 anos), com quem Maggy, como avó profissional, já estava enturmada. Louise mandou um lindo cartão de Natal para a Maggy, desenhado por ela.

Escolhemos um *cassoulet*, que a família gostava muito e é ótimo para o cozinheiro, pois o prato pode ser "esquecido" no forno, por horas.

Sobremesa: torta de pêssego.

Sandrine é a gestora do projeto "Les Ruaux", ciosa dos mínimos detalhes, como uma biblioteca com informações locais, caderno com endereços e telefones úteis e sempre disponível para nos ajudar no que fosse preciso.

Fréderique e eu viramos irmãos em vinhos, com judiciosas observações sobre os espécimes testados. Uma noite muito agradável.

No dia 29 de dezembro várias coisas importantes aconteceram:

1. Nosso aniversário de casamento (46 anos).

2. Em função disso, seguindo velha tradição, abandono meu uniforme de campo (calça de veludo, camisa de gola rulê e *parka*) e visto-me com roupa em *tenue de ville*, com gravata e tudo. Maggy se engalana para a *soirée*.

3. Vamos a um grande restaurante à noite. Por recomendação de Yolanda, fomos ao Le Gordon Frit, em Pouzay, a uns 10km ao sul de Neuil.

Encomendamos um *Cathédrale*, o grande prato de frutos do mar, que necessitaria de mil palavras para descrevê-lo, ou uma foto.

Trata-se de uma montanha de caranguejo (*tourteau*), lagostins, ostras, mexilhões, camarões, *belons*, *bigorneaux*, que nos parecia suficiente para um exército.

Fomos aos poucos demolindo a catedral e, para nossa

surpresa, comemos tudo e ainda enfrentamos a *Omelette Norvégienne*, especialidade da casa. Fomos devidamente aplaudidos pelos clientes do restaurante, que estava cheio, quando da entrada da sobremesa em chamas.

4. Foi o fim de nossa terceira semana em Neuil.

5. Tive uma indigestão de castelos, de reis e rainhas, das amantes reais, da complicada história da França e passei a confundir Loches com Saumur, com Amboise, Henri II com François II, e assim por diante. Vou pedir a Maggy que faça uma descrição do mundo que é o Vale do Loire, para ser incluída nesta apresentação. Eu desisto. Jogo minha boina basca.

No último dia do ano fomos à feira em Chinon e almoçamos na praça principal, no excelente Au Chapeau Rouge, um almoço em torno de trufas — e que almoço. Começamos com a *Brouillade d'oeufs au truffes*, um de meus pratos prediletos, e continuamos até os chocolates com trufas.

Nesse dia, achei no restaurante um folheto sobre um leilão de trufas já ocorrido em vilarejo nas redondezas. Chamou-nos a atenção que as trufas a serem leiloadas provinham de três ou quatro *communes*, inclusive Neuil.

Na volta ao Promenade, perguntei a Isabelle sobre as trufas de Neuil e ela disse que nunca tinha ouvido falar. Perguntamos aos demais clientes, com resultados igualmente negativos. Isabelle disse:

— Só quem pode saber é o Marco, que é fazendeiro aposentado e o mais velho da região. Só se foi no tempo dele.

No dia seguinte de manhã, travei o seguinte diálogo com Marco Quebra-Nozes:

— Marco, existem trufas em Neuil?
— Sim, muita.
— Onde?
— Embaixo dos carvalhos.
— Não. O que quero saber é onde comprar trufas em Neuil.
— Ah! Não tem. Há muito tempo que não se colhem trufas em Neuil.
— Por quê?
— O cachorro morreu.
— Mas, Marco, as trufas valem mil e duzentos euros o quilo. Vale a pena colhê-las.
— Dá muito trabalho.

Tem alguma lição nesta história?

Montamos uma ceia de final de ano idêntica à do Natal, que tanto prazer nos havia proporcionado.

Este foi o primeiro dia "quente" da nossa estada, com 8°C positivos de manhã. Havíamos passado três semanas frias, com temperaturas abaixo de 0°C, como é de nosso agrado. Daí por diante a temperatura andou por volta dos 10°C durante o dia, um calor tropical. Maggy passou a andar em mangas de camisa. Eu mantive minha *parka* sobre camisa fina, por causa dos bolsos.

Mesmo com o calor tropical continuei a acender a lareira no fim do dia, já que o calor, a luminosidade e os ruídos que produz fazem parte indispensável do nosso deleite.

"Les Ruaux" compreende a casa principal, uma pequena casa de máquinas onde está o *boiler* e um grande depósito, com uma reserva enorme de lenha para a lareira. Usei talvez a décima parte do estoque em quatro semanas. Uma das compras iniciais de primeiro dia é um *allume feu*, tabletes de matéria combustível que dá partida ao fogo. Sem problema.

No segundo dia fomos a Saint-Pierre-des-Corps buscar José Elias Salomão e Elvira, na gare do TGV. É com grande prazer que recebo o casal ao fim de nossa estada que pode, assim, aproveitar com nossos conhecimentos locais, geográficos, turísticos, gastronômicos e enológicos, além do encontro com nossos novos amigos.

No dia seguinte saímos em dois carros, eu com Frédérique e Salomão com Elvira e Maggy, para visitar a vinícola Christophe Baudry & Jean-Martin Dutour, grande e ultramoderna instalação, onde havia sido processada sua primeira *récolte*, em 2006.

Equipamento do estado da arte e movimentação por gravidade, para evitar bombeamento. As vinhas de Christophe, cliente de Frédérique em Cravant-les-Coteaux, são das maiores da região.

Tomamos oito vinhos numa degustação horizontal dos vinhos da casa:

1. CHINON
Domaine de La Perrière (único 2006 bebido *en primeur*), um *rosé* em corte de Pinot Gris com Pinot Noir que não nos impressionou.

Creio que se trata de ter na carta um vinho *à la mode*, o *rosé*.

2. Chinon
Domaine du Puy, Vieilles Vignes, 2005
Cuvée "Baptiste"
Cravant-les-Coteaux
Rouge, Cabernet Franc 12,5°

3. Chinon
Domaine Préveaux 2005
Cuvée du Plessis
La Roche-Clermault
Rouge, Cabernet 12,5°

4. Chinon
Wilfrid Rousse 2001
Vieilles Vignes
Cabernet Franc 12,5°

5. Chinon
Domaine du Rancée 2005
Cravant-les-Coteaux
Cabernet Franc 12,5°
Fabuloso

NOTA: Os vinhos foram servidos nesta ordem. O Domaine du Rancée 2005 (que foi um excelente ano para os Chinons) foi, a meu juízo, o melhor.

Excelente, harmonioso e redondo, com aroma de framboesa. Um sucesso.

6. Chinon
Domaine de la Perrière
Vieilles Vignes
Rouge, Cabernet Franc 12,5°

7. Chinon
Le Clos du Marronnier, 2005
Cabernet Franc 12,5°
Produção experimental reduzida a 25 hl/ha

8. Chinon
Coteaux des Chenanceaux, 2005.

NOTA: O castelo chama-se Chenonceau, este vinho se chama Chenanceaux.
Vinho excelente, já experimentado *chez* Peurichards.
Christophe Baudry chama este vinho de Cuvée Frédérique porque ele comprou uma barrica *en primeur*, em 2005, ano em que nasceu Clémence, sua filha mais nova. A tradição começou com o nascimento de Louise, em 2001, outro grande ano para os Chinons, como o 2005. Frédérique comprou uma barrica com capacidade de 200 garrafas de vinho.

Almoçamos no ótimo La Ciboulette, perto de casa.
Para o jantar fiz um excelente *Cotê de boeuf aux échalotes*, que o Salomão aprecia. A carne foi minuciosamente escolhida com o açougueiro Alexandre.
Jogo de cartas — buraco. Salomão e Elvira passaram quatro noites conosco e eu perdi em cada noite um saco de chocolates.

Levamos, nos dois dias seguintes, nossos amigos a Saint-Maure, Loches, Bléré, Villandry, aos castelos de Chenonceau, de Amboise e Chinon, onde saboreamos uma magnífica refeição, outra vez em torno da trufa, incluindo o admirável *Oeufs brouillés* da casa.

Minha única queixa dos hóspedes é que eles pertencem à escola da Maggy, com seu frugal café da manhã e não um pequeno almoço. Eles perderam, assim, um terço das refeições em Neuil com uma tolice de café com leite e torradas. Só abriram exceção para o *pain perdu*, a rabanada dos franceses, que eu comia após uma verdadeira refeição, sem companhia. Saudades da outra hóspede frequente, Maria do Carmo Menezes, esta, sim, uma boa companheira para meus banquetes do "pequeno almoço".

Dia 29 de dezembro, sábado, tivemos uma emotiva despedida de Sandrine, Frédérique e as meninas. Sandrine disse adeus com lágrimas nos olhos. Fui me despedir da malta do Bar de la Promenade. Por ser sábado de manhã, estavam quase todos presentes. Estávamos a cerca de 10km da entrada nº 24 da A-10 e a 300km de Paris.

Sandrine telefonou no dia seguinte para saber se nossa viagem havia transcorrido bem e se estávamos satisfeitos com o hotel.

Telefonou também no dia da nossa saída de Paris, para se despedir.

Podendo escolher qualquer local no mundo para passar as férias, optamos por um pequeno vilarejo perdido na "França profunda", onde fomos imensamente felizes. Esta é a história de Neuil, a cidade que os amigos franceses nunca ouviram falar.

Passamos alguns dias em Paris, o que sempre é uma festa.

Porém as férias tinham acabado em Neuil, já que em Paris minha atenção voltou ao trabalho, aos negócios, aos telefonemas, aos contatos, às visitas aos amigos de muitos anos.

A lembrança dos dias passados no Vale do Loire ficou gravada para sempre. Disse a Maggy:

— Em quatro semanas ninguém me olhou de cara feia, ninguém buzinou atrás de mim, passamos o tempo todo sem uma nódoa, sem o menor incômodo.

E o que importa é o que vimos, o que sentimos e a lembrança que guardamos.

Decidimos repartir estas memórias com os amigos. E já estamos pensando nas próximas férias. Normandia, talvez?

Coup De Coeur, Neuil
Maggy Temporal

O primeiro passo ao preparar uma nova viagem é, logicamente, a escolha do lugar onde vamos alugar a casa.

Cada vez mais eu acho que isso é tão difícil!

Desta vez, a região era o Vale do Loire, onde não faltaria o que fazer com inúmeros castelos em volta.

Neuil, não muito distante de Chinon e Azay-le-Rideau, foi o ponto escolhido, mas... será que fizemos a escolha certa?

A chegada à "nossa casa" é sempre para mim um momento nervoso e de expectativa, mas essa casa foi amor à primeira vista. Quando entrei, senti um "clic" bem forte lá na alma. Toing! Muito bom gosto, decoração pessoal de linhas discretas. Sobretudo aconchegante. Havia poltronas e sofá enormes. Tão confortáveis! "Ah! Como seria bom ter um desses na minha casa", pensei. Tudo muito grande, muito espaçoso. Nosso quarto, no segundo andar, era uma graça, com teto vermelho, inclinado dos dois lados, quase até o chão.

A casa, toda de pedra; a cozinha, perfeitamente equipada, com um armário imenso bem antigo com copos e louças para uma grande festa. Tudo funcionava e estava ao alcance da mão. Num canto da pia e do fogão, uma grande jarra de ágata com um ainda perfumado buquê de lavandas secas.

A generosidade dos donos da casa me impressionou muito. Nas outras casas que alugamos (exceção para Saint-Rémy), só encontramos uns quadradinhos de açúcar, um pouco de sal, algum café. Nesta foi incrível. Tudo em grande quantidade e variedade: chocolate em pó, sachês de chá, biscoito, vinagre, azeite, material de limpeza, papel de cozinha, papel laminado, filme pvc. Filtro de café tinha tanto que usei um mês inteiro e ainda sobrou.

Nada acontece por acaso. Todo esse bom gosto e fartura, certamente, é proveniente de pessoas especiais.

Essas pessoas, os Peurichard, os proprietários, alguns dias depois de nossa chegada, convidaram-nos para um *apéro* (aperitivo). Fiquei encantada porque adoro conhecer um lar francês, fato que um turista raramente tem ocasião.

Fomos recebidos na cozinha, uma peça bem grande que é a "vida" da casa. Uma mesa retangular comprida no centro. Em volta, fogão, máquina de lavar louça, armários, móveis, brinquedos, televisão. São pessoas despretensiosas e autênticas. Serviram uma infinidade de canapés, torradas com o magnífico queijo de cabra da região, doces lindos, sucos e vinhos. Era apenas a segunda vez que nos encontrávamos.

Chinon foi o primeiro castelo que visitamos. Castelo-fortaleza, hoje quase em ruínas, numa colina cercada de imponentes muralhas com uma linda vista. A cidade medieval, os telhados de ardósia cinza-azuis desordenados, pertinho uns dos outros. Castelo dos mais importantes da história, lugar de um fato histórico que qualquer menino francês aprende cedo.

Mil quatrocentos e vinte e nove, Jeanne d'Arc, camponesa de 18 anos, escoltada por seis homens, pede para ver o rei. Num salão iluminado, com trezentos nobres muito elegantes, o rei se disfarça, misturando-se com eles. Jeanne o percebe, apesar de não conhecer sua aparência. Ajoelhada, o chama de "*gentil Dauphin*", prevê que será coroado rei em Reims. Depois de interrogada por três semanas para descobrir se era uma feiticeira ou uma "inspirada", foi reconhecida como "enviada por Deus". Recebeu equipamentos e "homens de armas". Lutou contra os ingleses e venceu-os.

Azay-le-Rideau é uma pérola. Inesquecível! Sua construção elegante reflete-se romanticamente nas águas do rio Indres. É aristocrata e tranquila, parece irreal. A decoração, o mobiliário, as tapeçarias são de grande riqueza. Lareiras imponentes. Uma tela representando a bela Diane de Poitiers, outra, a pérfida Catherine de Médicis.

Falando dessas duas figuras, pensa-se logo em Chenonceau. Esse castelo e Azay-le-Rideau são os imperdíveis. A ideia é genial: havia um castelo construído à margem do rio Cher. O que fazer para ampliá-lo? Uma ponte de uma margem à outra para nela edificar-se uma nova ala de três andares. Por isso Chenonceau é tão especial: um castelo sobre um rio!

Conhecido como Château des Dames, porque várias castelãs lá moraram, foi sobretudo Diane de Poitiers quem se interessou em torná-lo rentável. Com grande tino comercial, desenvolveu os trabalhos agrícolas, a venda dos vinhos, o que proporcionou ótima renda.

Diane, amante do rei Henri II, não envelhecia, apesar de vinte anos mais velha que ele. Admirada por sua beleza e pela tez muito alva, cavalgava todos os dias ao alvorecer nas florestas da propriedade. Ao chegar, tomava banho frio diariamente. No entanto, quando Sua Majestade morreu, a viúva, Catherine de Médicis, finalmente vingou-se da rival e expulsou-a de Chenonceau.

O castelo de Villandry tem os jardins mais originais e famosos da França. É um jardim/horta, sem flores. São nove quadrados dispostos geometricamente com legumes, verduras e arbustos frutíferos. Jardim comestível. Pensar que existe desde o século XVI. A atmosfera do renascimento num mundo vegetal ordenado e artístico.

Visitamos muitos castelos, a onipresença do rei François I. Verificando como a Itália estava mais desenvolvida no domínio da arte, importou grande número de pintores, arquitetos, escultores, inclusive Leonardo da Vinci.

François I ordenou a construção de vários castelos, inclusive Amboise, sobre um promontório rochoso dominando a cidade. Festas magníficas se sucederam; também a lembrança dos sinistros balcões onde conjurados foram enforcados. O pequeno Château de Clos-Lucé, harmoniosa construção medieval de tijolos vermelhos, onde morou e morreu Leonardo da Vinci. Visita-se seu quarto, o gabinete de trabalho e também uma grande exposição de maquetes de suas invenções.

Blois, construído em diversas épocas, tem estilos variados e cada fachada é diferente. Sua famosíssima escada externa, verdadeira glória da arquitetura gótica, tem uma série de balcões internos que permitiam aos nobres assistir à chegada de grandes personalidades.

Blois é o local de um crime célebre: o duque de Guise, poderoso adversário político do rei Henri III, torna-se um rival tão pderoso que o rei só vê como solução eliminá-lo. Chama seus amigos nobres mais fiéis, que escondem seus punhais sob seus mantos, enquanto o rei mesmo se esconde atrás de uma cortina. O duque de Guise, que havia passado a noite *chez une dame,* é surpreendido pelos traidores. Por trás desse crime está a mente maligna de Catherine de Médicis, mãe do rei.

Em Blois há uma grande sala com as paredes repletas de quadros e gravuras em que os mais diversos artistas mostram suas versões do assassinato.

O Château de Sache me emociona em particular porque foi onde Honoré de Balzac viveu alguns anos. Lá escreveu, entre outros, *Le Père Goriot* (O pai *Goirot*) e *Eugénie Grandet* (Eugênio Grandet). Visitar seu quarto, ver sua escrivaninha, é um instante de reverência.

Langeais é uma fortaleza maciça e austera, com suas altas muralhas e grandes torres pontudas. Há uma cena com 15 personagens em cera em tamanho natural, do casamento de Anne de Bretagne e Charles VIII. Anne, inglesa, era a herdeira mais cobiçada da Europa. Seu primeiro casamento, por procuração, foi anulado em benefício do rei da França Charles VIII. Um novo casamento, de Ana e Carlos em 1491, une a Inglaterra à França. O que havia no contrato? Que se o rei morresse a viúva se casaria com seu sucessor. Seis anos depois, Ana casa-se com o cunhado, Louis XII e continua *tout en famille*.

Na região em que estávamos, sem contar os castelos, o único monumento interessante para se visitar é a Abadia de Fontevraud, um dos mais importantes conjuntos monásticos da França. Uma igreja abacial imensa, perfeita tradução da arte românica do século XII, onde jazem Ricardo Coração de Leão e Eleonor de Aquitaine. O claustro é lindo. A cozinha, muito estranha, redonda, com um teto altíssimo e numerosas chaminés. Duvido que alguém adivinhasse que era uma cozinha. Essa abadia foi o destino de tantas rainhas repudiadas, de jovens de famílias nobres que, por vontade própria ou forçadas, aí viveram até a morte.

A escolha do lugar, a princípio, não poderia ser melhor com tantos castelos à nossa volta. Mas até eu, que os adoro, não poderia visitar um por dia. Tempo, muito menos. E, sem contar os castelos, não havia muito a ver. Até o rio Loire, não há estradas bordejando-o, o que impede que seja apreciado devidamente.

Acontece, também, que o "Tempo" não gosta de dirigir longas distâncias. Havia outros castelos para ver (castelos de novo!), mas ficavam longe.

Muitos *châteaux* ficam fechados no inverno. Algumas vezes, como em Loches e Langeais, entramos e saímos sem encontrar ninguém. Em Ussé, enorme e lindo, um jardineiro varria perto de um grande portão.

Monsieur, s'il vous plaît, deixa eu dar uma olhadinha só daqui do jardim.

Desole, madame, c'est impossible.

Mais Monsieur, eu vim de tão longe para conhecer Ussé... (mentira, eu nunca tinha ouvido falar).

Tenho certeza de que a Touraine oferece opções magníficas e variadas. Foram nossas limitações de distância que nos impediram de conhecê-las.

A família Peurichard veio jantar conosco. "Tempo" fez um *cassoulet* maravilhoso. Eles pareciam encantados. As crianças vieram também, tudo muito descontraído, parecíamos velhos amigos. Que vida tão diferente levamos, nós sempre correndo, mergulhados na agitação de cidade grande. Eles num sossego tão grande que se ouvem as asas de um passarinho voando.

O que ficou de lembrança mais profunda de Neuil? Olhar da janela e ver um pôr do sol de 180°, interminável (a explosão de cores não é privilégio dos trópicos). De outra janela, um campo verde a perder de vista, algumas casas ao longe e as primeiras luzes se acendendo ao entardecer. Ficou uma lembrança de paz, tranquilidade, companheirismo. Risos.

Ao chegar à França, comprei no *duty free* um perfume que nunca havia usado. Muito, muito bom. Foi aberto em Neuil e usado sempre. Agora no Rio, cada vez que o uso sinto uma ternura incrível.

A esse mês em Neuil seguiu-se uma outra experiência tão diferente quanto maravilhosa: uma semana em Paris, onde só andar, *flaner*, já vale a viagem. Olhar, sentir, respirar fundo e pensar "Ah, que bom!". E ver todos os museus e exposições que o tempo permitir. E foram muitos.

Merci, seigneur.

Magny-le-Freule, Dans Le Pays d'Auge, Normandia

(2007/2008)

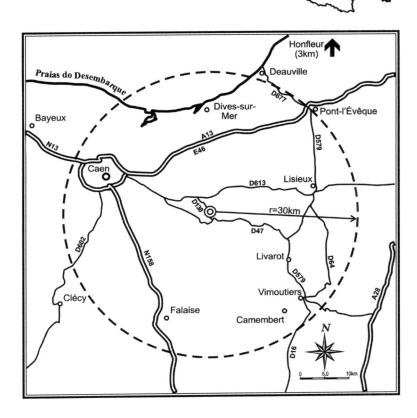

*G*rande parte do prazer das férias no interior da França, em casa alugada, provém do minucioso trabalho de organização, escolha, contratação e a antecipação dos resultados, com meses de salivação abundante.

Nossa jornada rumo à décima casa que alugamos começou em meados de 2007, quando passamos a discutir sobre nossa escolha da região, que acabou sendo a Normandia, Terra Incógnita.

Em setembro tivemos um grande auxílio por parte do embaixador da França no Brasil, M. Antoine POUILLIEUTE, como relatado na carta abaixo:

Monsieur l'Embassadeur,

J'ai eu grand plaisir de vous retrouver à la réception d'aujourd'hui, le 3 Septembre, en honneur du Ministre Borloo, chez le Consul M. Goisbault.

Je vous serai très reconnaissant si vous pourriez me suggérer une petite ville de charme en Normandie, qui ne soit pas dans le litoral.

Ma femme et moi nous cherchons une maison confortable dans une ville qui ait moins de 10.000 habitants.

Nous vous remercions sincèrement votre gentil offer de nous aider.

Je profite de cette opportunité pour renouveler les sentiments de ma parfaite considération.

Amaury Temporal

Em resposta, o senhor embaixador amavelmente me recomendou o Pays D'Auge, na região Pont-l'Evêque/Lisieux, que atendia ao nosso interesse de uma localização central na Normandia, que nos permitiria visitar os pontos de interesse com distâncias confortáveis.

Procuramos a casa em reservation@gites-de-france-calvados.fr, especificando que queríamos uma casa de três estrelas, com dois quartos, cozinha equipada e lareira, para 28 noites, com chegada no dia 9 de dezembro de 2007. O resultado foi 311 casas.

Passamos uma boa temporada reduzindo a lista a 15 casas e, depois, para três que satisfaziam plenamente nossas expectativas.

Acabamos por escolher o *gîte* nº 1.902, "Les Pommiers", de Alain e Véronique Lemarinel, por um detalhe importante, visto na foto da casa, disponível na internet: a *Colombage*, método de construção característico da Normandia.

No dia 31 de outubro, já com o depósito feito e acertado com Calvados Accueil Réservation, enviamos a seguinte carta para os proprietários:

Sévérac-le-Château, Aveyron, Midi-Pyrénées (2003/2004)

*Sévérac-le-Château / Intramuros.
Com o castelo ao fundo.*

Donos da casa, Sylviane e Michel Jégou.

Ao lado: *a casa, como todas as casas do local, do século XIV ou XV.*

Lareira da casa.

Imagem da sala vista de cima, com Maggy e lareira acesa.

Aprendendo a fazer crepe com Michel na "Crêperie du Château".

Ovelha de uma semana
Fazenda do Sr. Seguin, em Blayac.

*Carrossel de ordenha das ovelhas
Fazenda do Sr. Seguin, em Blayac.*

Carneirinhos da fazenda.

O castelo de Sévérac visto de longe.

Fréland, Alsácia
(2004/2005)

Nossa casa em Fréland, Alsácia.

Tarefa diária: retirar a neve.

Nosso vizinho, Sr. Demoulin, que gentilmente vinha remover a neve com seu tratorzinho.

Vista da nossa casa: Monte Kalblin.

Vista ao pôr do sol.

Auberge de L'Ill, em Illhaeusern. Um dos melhores restaurantes do mundo.

O casal Jean Christophe e Heike, nossos vizinhos. Canto de Natal.

*Os filhos de Jean Christophe e Heike fizeram
um presente de Natal para nós.*

Gigot d'Agneau *com tomilho e batatas em* chemise. *A dona da casa, Sra. Spaar, não acreditou que seu forno pudesse fazer este* gigot.

Empadão (tourte) *com as sobras do gigot.*

Célebre cassoulet *do jantar no dia 30 de dezembro na casa dos Demoulin.*

O gato comilão tomou nossa sopa de peixe que deixamos esfriando na neve.

Paris, Megève, Haute Savoie I (2005/2006)

Corte da trufa em lâminas finas.

La Brouillade, *omelete de trufas. Segredo: fogo lento e paciência.*

O produto final.

Cantando com Erik na Rue Mouffetard, no domingo.

Jantar no restaurante Jacques Cagnac.

Achei cassoulet *no menu do restaurante na Ille St. Louis.*

Chalet "Gentilhomme" em Megève.

Erik no teleférico de Rochebrune, a 1.750 metros de altitude.

Neuil, Vale do Loire
(2006/2007)

Rua principal de Neuil (e única).

Château Azay-le-Rideau.
Uma das razões da escolha de Neuil foi a proximidade de nosso castelo preferido.

Jantar na casa de Sandrine e Fréderic Peurichard, proprietários da casa.

Equipamento indispensável: a lareira.

O exterior da casa de Neuil, "Les Ruaux".

O living e a lareira acesa.

Mesa de Natal, na tradição sueca.

"Catedral"
Frutos do mar.

Os amigos do bar de la Promenade.

Prova de vinho na vinícola Christophe Baudry.

Magny-le-Freule, Normandia (2007/2008)

Casa em Magny-le-Freule: "Les Pommiers".

Nossa vista da sala para o campo, com macieiras ao fundo.

Casas em Colombage típicas da região.

Os donos da casa: Véronique e Alain Lemarinel.

Ao lado: *Nas feiras vendem-se até 20 qualidades diferentes de batatas.*

Manoir de Coupesarte. Séculos XV-XVI.

Forno portátil de pão, na feira de Caen.

Normandia, praia dos desembarques.

Na feira, com o inseparável panier.

Paris, Megève, Haute Savoie II (2008/2009)

Entrada do prédio nº 20 da Rue Dauphine.

Praça Dauphine, perto da casa, do outro lado do rio.

No apartamento da Rue Dauphine, Gabriel aprendendo a fazer omeletes.

Pain Perdu, *as rabanadas da França.*

Casse croute.

Indefectível panier
Marché Rue Montorgueil.

Jantar no Jacques Cagnac com Gabriel.

Prato principal do restaurante: lagostas.

*Antigas canções francesas,
domingo na Rue Mouffetard.*

Chalet em Megève "Mont Plaisant", ao pé do teleférico de Rochebrune.

Maggy, Gabriel e o piloto no Altiport de Megève.

*Megève, a ensolarada.
No centro da cidade.*

Cluny, Borgonha
(2009/2010)

O comércio de Cluny.

Équy navette, *o "táxi" de Cluny*.

O interior da casa, *Gîte de l'Espalier nº 06 Rue de La Liberté*.

Quintal de casa, com porta da "amizade" no fundo.

Almoço com Georges Blanc, no Georges Blanc, em Vonnas.

Vista de nossa casa.

La Trouffade:
ovos mexidos com muita trufa.

Nossos amigos, donos da casa, Jean-Paul e Dominique Beaulieu.

Nossos amigos José Elias e Elvira.

Vinhos do Le Celier de l'Abbaye.

Com Miguel Troisgros, no seu restaurante de três estrelas em Rouanne.

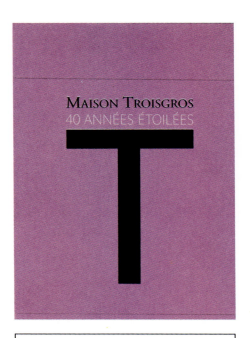

Maison Troisgros
40 ANNÉES ÉTOILÉES

3 ÉTOILES MICHELIN DEPUIS 1968

Marie-Pierre et Michel TROISGROS

sont heureux de vous accueillir et

vous souhaitent un agréable moment

dans leur maison.

Rio, le 31 Octobre

M. et Mme. LEMARINEL,

Nous sommes un couple de brésiliens agés de 67 et 69 ans, ce sont nous qui avons loué le gîte "Les Pommiers" de 9/12/2007 jusqu'au 6/1/2008.

Celui-là est le 10ème gîte que nous avons choisi en France, à part deux séjours dans des appartements à Paris. Nous voyageons toujours dans la même période de l'année. L'an dernier, c'était à Neuil, près de Chinon, un village de 350 habitants où nous avons été très heureux. Les autres endroits ont été Sarlat, Dinan, Saint-Rémy de Provence, Grasse, Sévérac-le-Château, Mandive (Pays Basque), Megève, Fréland (Alsace).

Son Excellence, l'Ambassadeur de la France au Brasil, Antoine POUILLIEUTE, originaire de la Normandie, nous a indiquer la région où se trouve "Les Pommiers" qui a été sélectionné dans l'excellent site "Gîtes de France".

Prochainement nous vous téléphonerons pour regler les derniers détails. Cette petite lettre c'est pour établir un premier contact et nous sommes sûrs de passer des vacances admirables dans notre chère France.

Amaury et Maggy TEMPORAL

Recebemos a seguinte resposta por e-mail:

le 03 novembre 2007

M. et Mme. TEMPORAL

Mon mari et moi-même serons très heureux de vous accueillir dans notre gîte "Les Pommiers". Nous espérons que

vous ferez un très bon voyage et nous vous souhaitons un très bon séjour dans note campagne normande. Nous sommes à votre disposition pour tous renseignements. A bientôt.
Alain et Véronique LEMARINEL.

Aqui começou nossa amizade com os proprietários.

Normandia

A casa que alugamos no interior da França, em Magny-le-Freule, entre Caen e Lisieux, em Calvados, Baixa Normandia, foi um sucesso extraordinário pela escolha, pela comida da região, pelos proprietários, pelos vizinhos, pela amabilidade do povo e pela variedade das atrações a serem visitadas no nosso raio de ação.

No ano anterior, no caminho de Neuil, no Vale do Loire, achamos muito cansativo viajar de carro na chegada de um voo de dez horas e quarenta minutos. Decidimos, dessa vez, dormir uma noite em Paris antes de buscar o carro alugado, sempre pelo sistema de *leasing*.

Fizemos, então, uma parada no nosso hotel em Paris, o l'Abbaye e aproveitamos para fazer compras de itens que não são facilmente encontráveis na "França profunda", como geleias de gengibre e de laranja inglesa *dark chunky*, biscoitos *creppe dentelle*, chocolate sueco Daim, azeite de Nice (*caillette*) e pão Poilâne, mais *foie gras* e vinho, itens para o *casse-croûte* de chegada. Tudo disponível na "Grand Épicerie de Paris", na loja Bon Marché, no 6ème *arrondissement*.

No jornal da televisão, no hotel l'Abbaye, nos demos conta de um vendaval na Normandia, com ventos até 140km/h.

Apanhamos o carro no Charles de Gaulle, na Renault Eurodrive, e lá fomos nós pela A-13 até a entrada de Lisieux, seguindo as instruções do Via Michelin (www.viamichelin.fr), que havia nos informado que deveríamos percorrer 221km de Roissy-Charles-de-Gaulle a Magny-le-Freule.

Chovia a cântaros e o vento ameaçava tirar nosso Renault Scénic zero-quilômetro da estrada.

Magny-le-Freule, que tem menos de trezentos habitantes, não tem um centro da cidade e o único ponto de referência é a igreja/cemitério, onde, na nossa chegada, paramos para telefonar ao sr. Alain, pois com a chuva não conseguíamos enxergar coisa alguma.

O sr. Alain disse:

— Mas que dia vocês arranjaram para chegar aqui. Nunca vi coisa igual.

Não mencionei o significado de meu sobrenome.

Maggy diz que a primeira impressão de uma casa é importantíssima. Escrevi no meu minidiário de viagem: "Casa simpática, confortável, quente, equipada: boa escolha."

Maggy chegou meio assustada com a viagem que, em condições normais, dura pouco mais de duas horas e que levou mais de quatro. Cenário de filme de terror.

No dia seguinte, fomos ao supermercado de Mézidon-Canon, a cidade vizinha a Magny-le-Freule, já que esta não tem qualquer comércio. São quatro quilômetros, passando pelo Château de Cânon, marco importante da cidade que é, na verdade, constituída de uma única rua de três quilômetros e algumas transversais. Tem uma gare de trens que ligam a Caen, uma excelente *boulangerie* e três *supermarchés*. Enchemos a despensa da casa com 234 euros de compras e ficamos com um único problema: lenha seca.

Os aluguéis de casas na França podem incluir tudo, como lençóis, toalhas, luz (energia) elétrica e lenha ou nada. No caso de Magny, acertei com Alain para comprar lenha para toda nossa estada, com sobra, e assim ele providenciou alguns metros cúbicos de excelente lenha por 50 euros. Passei dificuldade no dia da chegada para acender a lareira com a lenha úmida do pequeno estoque inicial, e foi com grande satisfação que desligamos os aquecedores da sala e passamos a ouvir o alegre crepitar do fogo.

Do diário: a lenha nova é ótima!

Estabelecidos, abastecidos e sob um sol magnífico, fomos a Beuvron-en-Auge, a cerca de 5km ao norte de Magny-le-Freule, uma das mais lindas *villages* da França, onde encontramos excelentes pequenos restaurantes. Tudo se encaixando com sucesso.

Acordamos, no quarto dia, em Magny-le-Freule, com temperatura de -1°C e geada que deixava a relva da frente da casa branca e brilhante. Começamos, assim, uma série de 14 lindos dias abaixo de 0°C, culminando, na quarta-feira, 19 de dezembro de 2007, com temperatura de -7°C, que para Maggy e para mim é uma festa, já que adoramos o frio.

Começamos o quarto dia a "debulhar" Caen, cidade a 25km a oeste de Magny-le-Freule, onde há muita coisa para ver e ótimos restaurantes. Visitamos a Abbaye des Daures e as igrejas de Saint-Pierre e Saint-John.

No quinto dia, fomos conhecer a encantadora cidade de Lisieux, a 23km a leste de Magny-le-Freule, que se tornou nossa cidade favorita. Pequena, acolhedora, com ótimo comércio e fácil de estacionar. Imperdível a enorme Basilique Saint-Thérèse.

Restaurante "Aux Acacias", a ser revisitado.

Estávamos em plena época das vieiras (Saint-Jacques), um dos pratos favoritos da Maggy, que comeu as *coquilles* em praticamente todas as refeições fora de casa. A região da Normandia tem atrações importantes como Honfleur, uma das mais lindas cidades da França, a Ponte da Normandia, Deauville, Trouville, as praias de desembarque, o Memorial de Caen, a fantástica tapeçaria de Bayeux, os cemitérios militares da II Grande Guerra e o imperdível Mont Saint Michel. O Memorial de Caen é impressionante. Uma visão rápida, incluindo o filme de trinta minutos que dá o contexto global do desembarque, logo no início da visita ao museu. É um filme didático, que servirá para as visitas *in loco* às praias do desembarque.

A tapeçaria de Bayeux, de 70m, que conta a história do ano de 1066 e a batalha de Hastings, é inesquecível. Voltamos a Bayeux para ver outra vez a tapeçaria, obra de arte do século XI.

Deauville e a vizinha Trouville, 30km ao norte de Magny-le-Freule, pertencem a outro mundo, o mundo do luxo, das mansões e dos hotéis imponentes, o Grande Cassino de Deauville, a praia famosa de *Un homme et une femme*, de bons restaurantes e lojas de grife. Deauville é *incontournable* na Normandia.

Vinte e oito dias na Normandia foram poucos para ver todos os pontos de interesse e belezas locais: Beaumont-en-Auge, linda e pequena cidade, o pequeno museu do desembarque em Arromanches, a praia de Etretat, *marché* St. Sauveur, a feira de domingo no Bassin Saint-Pierre de Caen (monumental), o Museu Normando de Caen, a cidade de Pont l'Évêque — charmosa —, ver o *fromageur* Saveur l'Auge na saída de Pont l'Évêque, na direção de Lisieux.

Há também a cidade charmosa de Orbec e seu magnífico restaurante *Au Caneton*, do *chef* Didier Tricot, onde a rainha Elizabeth almoçou em 1967.

A Normandia também é a região dos queijos, alguns dos mais famosos e saborosos da França, inclusive um dos meus favoritos, o Livarot.

A chamada "santa trindade", Camembert, Pont l'Évêque e Livarot são todos produzidos na Baixa Normandia.

Em compensação, a visita a Camembert é um inesperado fracasso. Trata-se de uma minúscula aldeia perto de Orbec, com uma igreja e uma sala de exposição de um fabricante, a Maison du Camembert.

Já a visita a Livarot, na estrada D-4, é altamente recomendada. A visita a *Le Village Fromager* permite ver todas as etapas da fabricação do queijo do produtor E. Graindorge, com detalhadas informações. Livarot fica a cerca de 4km ao sul de Magny-le-Freule.

O período em que sempre tiramos férias inclui o dia de Natal e o de Ano-Novo, que são, para mim, "dias de folga", onde não tenho para onde ir, pois está tudo fechado. Posso, portanto, desfrutar uma *grasse matinée*, como se chama acordar tarde e remanchear na cama, cuidar de um *brunch* substancial, telefonar para a família e amigos e saborear uma ceia com *tous qu'il faut*: caviar, *foie gras*, salmão defumado, *blinis* e grandes vinhos. São dias para botar a leitura em dia e fumar charutos. Uma maravilha. Carro, nem pensar.

Alugo um carro (TT) por trinta dias e ando cerca de três mil quilômetros, incluindo as viagens de ida e volta de Paris.

Bom! Tudo o que disse até aqui tem relativa importância. O essencial não é percebido pelos olhos, em que pese a beleza da vista de nossa casa, com um grande relvado e a plantação de macieiras ao fundo.

Quando chegamos a "Les Pommiers" os Lemarinels nos ofereceram uma garrafa de *calvados* Hors Age du Pays D'Auge, a melhor região produtora, outra de "Pommeaux", uma bebida feita de suco de maçã e *calvados*, e uma terceira de um espumante de maçã. E também a *coté*, uma geleia de maçã feita em casa. Ficamos amigos de saída.

Eu voltava para casa ao escurecer, que no inverno começa às 18 horas, hora de acender a lareira. Duas ou três vezes por semana, Alain, que morava perto, aparecia para um *apéro*, tomar um café e um *calva* comigo e conversávamos por uma hora, quando iniciava os trabalhos do jantar.

Ele me explicava sobre as tradições da Normandia, já que pouco se interessava pelo restante da França. Falava-me da família, que habitava a região há muitas gerações, e sobre seu pai, proprietário de uma grande fazenda onde estavam as casas dos Lemarinels, o nosso *gîte* e as plantações de macieiras, fontes de renda da família. Lá pelas tantas eles nos convidaram para um jantar em casa com as comidas mais típicas da Normandia, uma entrada de *camembert fondant*, seguida de galinha à moda da Normandia, com creme, seguida da sobremesa típica, uma espécie de arroz-doce feito no forno, chamada *La Teurgoule*.

Acompanhando, um belo champanhe com os tira-gostos e um *bordeaux* de boa safra com os pratos seguidos de um *sauterne*.

Gente civilizada, queridos amigos.

Na mesma hora convidei-os para jantar conosco e tratei de oferecer opções de *menu*: *gigot d'agneau*, *choux farci* ou *cassoulet*. Eles optaram pelo *cassoulet*, à moda de Castelnaudary.

Tratei de comprar os ingredientes indispensáveis nos dias seguintes, não facilmente encontráveis: *confit de cannard* de Castelnaudary (fácil), *saucisses de Toulouse* (difícil), *saucisse a l'ail* (fácil), *harricot tarbais* (difícil) e costeletas de porco (fácil). Feijões cozidos com *bouquet* de coentros, carnes fritas na gordura de pato, que é bom para o coração, como mostra a saúde dos habitantes do Périgord. Véronique me emprestou um grande recipiente cerâmico para assar o conjunto no forno, a *cassole* em fogo lento, por várias horas. Uma maravilha.

No dia do jantar *chez* Lemarinel, eu tinha achado, em um florista de Mézidou-Canon, uma grande cesta com flores plantadas, incluindo dois pequenos pinheiros em potes de barro. Coisa de muita vista e efeito, que levei para Véronique.

Alguns dias após o jantar *chez nous*, já no fim da estada, fui chamado por Alain para uma cerimônia na aleia principal de entrada no *gîte*, uma rua de 30 ou 40m, com gramado em ambos os lados, sem árvores.

Tratava-se de plantar os dois pinheirinhos, um de cada lado da rua, chamados de Maggy e Amaury, com promessa de tirar fotos a cada ano do crescimento das plantas e mandar para nós. Das coisas mais comoventes que me lembro.

O incrível é o número de grandes amigos que fiz nas viagens à França e que me dá muita saudade.

Nossa *formule* de viagem nos obriga a mudar de pouso e de região a cada ano, pois já esgotamos os monumentos, as igrejas, os museus e outras atrações locais. Porém, a saudade dos amigos pesa.

Tenho vontade de voltar à Normandia, onde fomos tão felizes.

Em setembro de 2009, o cônsul da França no Rio de Janeiro, Hughes Goisbault, convidou-me para uma recepção em homenagem ao presidente do Senado francês, Gerard Larcher e sua delegação senatorial.

O cônsul me apresentou ao senador contando as minhas férias na França em diferentes regiões e das casas alugadas. O senador Larcher, sendo da Normandia, ficou encantado em saber que eu já havia alugado casa em sua região e me perguntou onde estive. Como ninguém, até então, tinha ouvido falar na minha aldeia, eu disse, jocosamente:

— Ah! O senhor certamente conhece Magny-le-Freule.

Ao que ele respondeu:

— Claro. Tenho uma casa lá perto. Tenho um grande amigo em Magny-le-Freule.

Um pouco mais tarde, em outra viagem à França, fui ao Senado, no Jardim Luxemburgo, em Paris, assistir à entrega da Legião de Honra ao governador Sérgio Cabral, pelo presidente do Senado.

Em uma sala apinhada, fiquei muito admirado, quando ao entrar no recinto, com o governador, o senador Larcher me avistou na terceira fila de assistentes e me cumprimentou efusivamente, para grande surpresa de todos. Os franceses em volta devem ter ficado imaginando o que seriam as palavras cabalísticas que o presidente Larcher me falou: "Magny-le-Freule"!

LE CALVADOS

Maçã: é originária da Europa, da Anatólia, do Cáucaso, e da Mesopotâmia.

Na Europa é particularmente oriunda da Normandia e da Bretanha, devido ao clima úmido e temperado pelo *Gulf Stream*. Chuvas frequentes e a presença dos celtas, que eliminaram boa parte das florestas nativas, em favor da produção agrícola, e cultivaram intensamente a macieira.

O *calvados* é bebida obtida da fermentação da maçã desde tempos imemoriais.

As plantações de macieiras na Normandia datam do início do século V. Os primeiros regulamentos sobre plantação, poda, enxerto e fabricação de sidra, datam do tempo de Carlos Magno, por volta do ano 800.

Sidra: é uma cerveja popular de maçãs, feita pelos monges nas abadias. Somente no século XVI, a sidra se tornou bebida corrente.

A mais antiga menção à destilação do *calvados* data de 28 de março de 1553, quando o sr. Gilles de Gouberville instalou seu alambique em Mesnil-au-Val, no Cotentin, e relatou sua experiência com o que chamamos de *l'eau-de-vie de Cidre*. Esta produção documentada é precedida pela produção rústica pelos camponeses, a partir do conhecimento oriundo dos árabes da península Ibérica.

Calvados é nome de origem espanhola. O processo de produção começa com a estocagem de maçãs de qualidade variada, cada tipo aportando sua característica de açúcar e acidez, até o ponto de maturação final. A fase seguinte é alguma forma de esmagamento com uma primeira separação do suco. A massa resultante é comprimida para a extração do mosto. O bagaço resultante é usado para alimentação do gado e não para fazer uma "bagaceira", como no caso da uva. O mosto resultante contém, de início, cem gramas de açúcar por litro, que baixa progressivamente durante a fermentação, pela conversão em álcool. O tempo de fermentação é de alguns dias. É necessário cerca de um mês de repouso para transformação do mosto em cidra. A destilação é feita em alambiques chamados *charantais*, idênticos aos usados na fabricação do conhaque.

O envelhecimento é absolutamente necessário, já que a *eau-de-vie* saída do alambique (a 68GL e diluída para os 40GL obrigatórios) é áspera, rústica e de pouco valor.

O envelhecimento em tonéis de carvalho por dois anos produz um produto de qualidade, que melhora progressivamente com o tempo.

Calvados pode ser produzido na Bretanha, em Maine e na Normandia. É, no entanto, na região do Pays d'Auge que se produz o que é considerado o melhor.

O rótulo do *calvados* terá a informação Calvados du Pays d'Auge e tem *appellation d'origine controlée* própria. Há um hábito arraigado na região de tomar uma xícara de café seguida de um pequeno cálice de *calvados*.

Pede-se *un café et un calva*.

No final de nossa estada, já com nossos amigos Salomão e Elvira, tive uma queda no chuveiro com sérios efeitos sobre minha coluna.

Por sorte, Salomão pôde dirigir o carro de volta a Paris, onde fui atendido de emergência, mas isso prejudicou nossa estada em Paris.

Paris, Megève, Haute Savoie II

(2008/2009)

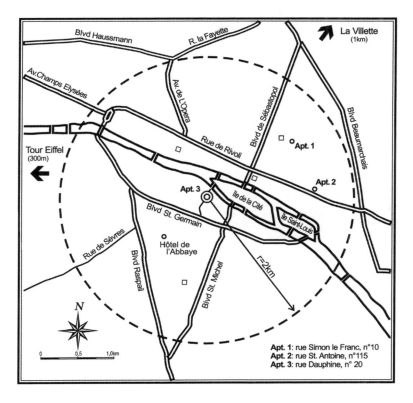

COMO UM REI NA FRANÇA

Em dezembro de 2008 aluguei um apartamento na *rue* Dauphine, no 6ème *arrondissement*, a uma quadra da Pont Neuf. A viagem se insere numa tradição em nossa família, onde os que fazem 12 anos de idade não somente vão a Paris, "se enturmar", mas vão a Megève, esquiar (ou fazer *snowboard*). Assim foi com meus filhos e agora com meus netos.

Dois mil e oito foi a vez de Gabriel, filho de minha filha Anna e de Elio.

A *rue* Dauphine é das mais antigas da Lutécia, antigo nome de Paris, e portanto data do pequeno povoado galo-romano, de cerca de cinco mil pessoas, que foi fundado no que é hoje a *rue* Saint-Jacques, na margem esquerda do Sena. A *rue* Dauphine guarda vestígios da primeira muralha da cidade que rapidamente se estendeu em direção à ilha da Cité, para melhor cumprir sua vocação de cidade mercantil, tendo o rio Sena como grande estrada natural.

Lutécia tem cerca de dois mil anos, e somente no século IV se tem notícia do nome Paris.

O apartamento do nº 20 da *rue* Dauphine foi descoberto por Denise, sra. Antonio Carlos Lobato, quando da estada do casal em Paris em maio de 2008. Lobato tinha achado umas garrafas do notável vinho Pape Clément 2004 por preço incrivelmente baixo (ele teve de mostrar a nota para vencer minha incredulidade) e eu fui ajudar a esvaziá-las. Assim, fiquei conhecendo o confortável apartamento que iríamos alugar no fim do ano.

Meu amigo Lobato levou-me a conhecer o comércio local, incluindo a acolhedora padaria e a delicatéssen, que não somente produzia um patê *maison* esplêndido, mas tinha uma excelente seleção de *charcuterie*.

Maggy, Gabriel e eu ficamos quatro semanas nesse apartamento muito agradável, a uma quadra do rio, entre duas estações de metrô (Odeon e Palais de la Monnaie), além de duas linhas de ônibus.

O metrô no período de fim de ano é *uncontournable*, dado os engarrafamentos e a indisponibilidade de táxis. O antigo sistema de *ticket* semanal foi substituído pelo Navigo, passe eletrônico muito mais prático que pode ser carregado nas estações, válido por uma semana ou um mês. Quem for passar temporada em Paris deve levar uma foto 3x4 para montar seu *kit* Navigo, vendido nos guichês do metrô.

Um dos grandes prazeres de uma estada longa é poder encher a despensa com itens que vão durar quatro semanas, e assim garantir a variedade dos ingredientes, pois a qualidade na França é indiscutível. Comprei dois carrinhos cheios, contando com o serviço de entrega do supermercado Champion da esquina. Nosso apartamento, no segundo andar, em um prédio sem elevador, foi abastecido logo no dia da chegada e pudemos fazer um jantar festivo.

Havia nevado durante a tarde do dia da nossa chegada, 9 de dezembro, neve logo transformada em gelo e lama. A temperatura estava por volta de 0°C e foi progressivamente baixando até -5°C nos dias seguintes. Com roupas adequadas e um apartamento aquecido e aconchegante, Maggy e eu, que adoramos o frio, estávamos muito felizes. Gabriel, que nunca havia visto neve, não se queixou uma única vez de frio, mesmo nos -14°C de Megève, que enfrentamos em janeiro.

As casas e os apartamentos que alugamos no interior da França e em Paris ou bem são construídos ou (quase sempre) reformados para aluguel ou são habitações secundárias dos proprietários, que disponibilizam o imóvel para temporada.

Assim foi no nº 20 da *rue* Dauphine, apartamento 2d, escada "A".

Os proprietários, que não conhecemos pessoalmente, são evidentemente gente de gosto refinado, a julgar pela biblioteca e pela coleção de CDs e DVDs. Por incrível que pareça, o nosso gosto (meu e de Maggy) é muito parecido com o dos proprietários. A literatura clássica francesa estava muito bem representada, entremeada com guias de restaurantes e obras gastronômicas que me fizeram boa companhia.

A bem-equipada cozinha indicava o uso contínuo. Sempre falta algum pequeno objeto em cada casa ou apartamento. No nosso caso, um grande garfo de cozinha, do tipo usado para virar ou levantar a carne no forno. Esta é uma constante na França, a falta do "garfão".

Do outro lado da rua, de números ímpares, a pequena delicatéssen do Zed, paquistanês simpático que se orgulha de ser um *depaneur* (quebra-galho) do bairro. Sua pequeníssima loja de uma porta está aberta praticamente 24x24, 7x7, como se diz na França: o tempo todo. Conveniente, quando falta um ingrediente esquecido, na hora do jantar, quando o supermercado das redondezas, o Champion, está fechado.

Como Paris é uma cidade para se andar, a escolha do local da residência temporária é vital para proporcionar um leque de opções para passeios a pé. Assim, ficamos no extremo norte do mítico 6ème *arrondissement*, meu predileto por ser vibrante, alegre, onde a escolha de bares, restaurantes, cinemas e atrações turísticas é inigualável. A meio quarteirão do rio Sena e da Pont Neuf, que, em que pese ao seu nome, é a mais antiga de Paris. Assim, tínhamos o 1er *arrondissement* ao norte e logo adiante o 2°, à esquerda, a oeste o 7° e à direita, e leste, o 5°. Ao sul toda a extensão do 6°, passando pelo incomparável Boulevard Saint-Germain, até o limite do Saint-Michel, tendo no meio o Jardin du Luxembourg, com seu museu, até o Boulevard du Montparnasse, limite sul do 6° com os *arrondissements* 14 e 15. A meio caminho, a *rue* Cassete, entre as ruas de Rennes e Vaugirard, onde encontra-se o meu hotel favorito em Paris, o l'Abbaye, em que já me hospedei dezenas de vezes, desde 1977, quando de sua inauguração.

No 1er *arrondissement*, atravessando a ponte, estamos praticamente no Louvre, na *rue* de Rivoli, no Fórum de Halles. Perto da Igreja de Saint-Eustache, na confluência das ruas Montmartre e Montorgueil, esta absolutamente imperdível por seu mercado, suas lojas, seus restaurantes e seu charme. A Montorgueil foi incluída no programa da rainha Elizabeth em visita a Paris.

Restaurantes da *rue* Montorgueil: L'Escargot, La Guille Montorgueil, Au Rocher de Cancale, Le Tir Bouchon, La Perle Montorgueil e o italiano Il Tre, excelente e barato.

A feira livre da *rue* Montmartre, entre as ruas Rambuteau e du Jour, às quintas-feiras das 12h30 às 20 horas e domingos, das 7 horas às 15 horas, é muito boa.

Ambas as ruas Montmartre e Montorgueil continuam pelo 2º *arrondissement*, onde se encontra o restaurante Chez George (*rue* du Mail, 1), preferido da minha amiga Véronique Delorme.

No 1º, saindo do Louvre, seguindo pela *rue* de Rivoli, encontramos a belíssima *place* Vendôme e, mais adiante, o limite oeste do bairro, o Boulevard de La Madeleine.

Estou tentando mostrar os limites do que os franceses chamam de *ballade* — um passeio a pé, confortável, de distância equivalente à da praia de Copacabana ou de Ipanema, ou seja, de três a quatro quilômetros.

No limite leste do segundo, a *rue* Saint-Martin, com o conhecido restaurante Benoit.

No 7ème *arrondissement* temos a Torre Eiffel, o Invalides, o Museu d'Orsay, o Quai de Branly e o Rodin, entre outros.

Para efeito de passeio a pé, respeitando o limite de três a quatro quilômetros, podemos chegar ao Boulevard des Invalides e ao Quai d'Orsay. No limite entre o 6ème e o 7ème *arrondissement*, onde o Boulevard Raspail se encontra com a *rue* de Sèvres, a praça onde está a gigantesca loja do Bon Marché, com sua "Grand Épicerie de Paris", uma atração turística incomparável. Nesse supermercado de comidas finas, pode-se encontrar de tudo, de todos os cantos do mundo, e é, para mim, passagem obrigatória para me abastecer de itens não encontráveis na "França profunda", em minhas estadas em casas alugadas. Saindo da *rue* de Sèvres, a *rue* du Dupin, onde se encontra o pequeno restaurante L'Epi du Pin, altamente recomendável.

Ainda perto da praça do Bon Marché, a pequena igreja da Medalha Milagrosa, que tanto atrai as turistas brasileiras.

No caminho do 6º para o 5º é um prazer e tanto seguir contra a corrente junto ao rio Sena, passando pelos cais Grand Augustin, Tournelle e Saint-Bernard, até o Jardin des Plantes, com seu Museu de História Natural. Seguindo pelas ruas Buffon e Censier, estaremos em uma parte elevada da cidade, que não é particularmente interessante, e além disso tem a ladeira. O melhor é tomar a linha 7 do metrô na estação de Jusieu, direção Villejuif, e saltar em Censier Daubenton, passando pelas ruas Monge e Mouffetard.

Bem, *rue* Mouffetard — este é um dos *points* da cidade, com lojas, restaurantes e sua feira livre, e aos domingos, ao meio-dia, um programa adorável (já mencionado na página 52) na *place* de La Contrescarpe, onde um grupo de músicos toca em acordeão músicas francesas tradicionais e os presentes dançam com gosto e competência. Letras das antigas músicas são distribuídas e os presentes cantam animados. O programa acaba com compras na peixaria da *rue* Mouffetard e um almoço de frutos do mar com caranguejos, lagostas, *écrevisses*, camarões, *bulots*, *bigorneaux*, Saint-Jacques (Vieiras) e salmão marinado. *Chablis* geladinho como acompanhamento. Uma festa! Nessas horas, um apartamento em Paris é um *must*.

Descendo pela *rue* Mouffetard até a *rue* Clovis, chegamos ao Panthéone à *rue* Saint Jacques, berço de Paris antes da ocupação da ilha da Cité, justamente por ser uma parte elevada da cidade. Mais adiante, o Boulevard St. Michel e o Jardin do Luxembourg, no 6ème *arrondissement*.

No extremo sul do 5ème *arrondissement* o Boulevard de Port Royal e a *rue* Bertholet, onde meu amigo José Elias Salomão nos acolheu em seu apartamento. Com Elvira e Salomão passamos ao menos um fim de semana em cada uma das casas que alugamos na França, são, portanto, testemunhas de todas as histórias retratadas no livro que escrevi: *Bons tempos na França*. Acabo de me lembrar que ele perdeu a estada no chalé em Megève em 2009.

Passamos três semanas em Paris com Gabriel, segundo o roteiro preparado para o Erik, com as previsíveis predileções de um menino de 12 anos.

No dia 21 de dezembro fomos almoçar em um dos meus bistrôs favoritos em Paris, o Chez Denise, originalmente chamado de La Tour de Montlhéry, como é conhecido pelos antigos clientes, para tristeza dos atuais donos.

Lá encontrei o famoso Jean-Luc Petitrenaud, que tem um programa de gastronomia na televisão francesa, retransmitido pela TV5 no Brasil, que em sua terceira geração se chama "Les Escapades de Petitrenaud".

Trata-se de programas locais em restaurantes por toda a França, com apresentação de chefes renomados ou promissores, seus fornecedores, suas receitas e, invariavelmente, um *casse crouté*, um piquenique ao ar livre com chefes, artesãos e vinicultores locais, onde são apresentadas as especialidades regionais.

Tenho acompanhado as edições de Petitrenaud há muitos anos, desde a primeira, quando andava em um táxi londrino vermelho.

Tomei um drinque com ele enquanto esperava a minha mesa e pude dizer como seu programa me tinha sido útil em minhas viagens à França, incluindo a escolha dos locais.

Mais tarde, já sentados à mesa, ele teve a gentileza de nos oferecer uma garrafa de champanhe e se juntar a nós três para um dedo de prosa, quando contei da minha amizade com Tellechea, o chefe do restaurante Cheval Blanc, em Bayonne, retratada no livro *Bom tempo na França*.

Gabriel teve o privilégio de almoçar no fabuloso restaurante L' Atelier, de Joël Robuchon (*rue* Montalembert, nº 5), para ter uma referência da palavra perfeição. No dia seguinte, 29 de dezembro, fomos jantar no restaurante Jacques Cagna (*rue* des Grands Augustins nº 14), certamente o melhor das redondezas.

No início de 2009, mantivemos a tradição familiar de

levar Gabriel para Megève, a neve e o esqui, ou, como no caso, o *snowboard*. Tomamos o TGV de Paris a Annecy, onde nos esperava o táxi do sr. Gérard Pissard para nos levar a Megève e ao Chalet Mont-Plaisant, ao pé da pista de esqui de Rochebrune, no nº 312 da Route de Téléphérique. Ficamos muito bem-instalados e fomos incontinenti tratar do equipamento (*snowboard*, pois o Gabriel já estava doutrinado pelo primo): botas, luvas, óculos e a escolha do instrutor, mais as passagens das *remontées mécaniques*. Gabriel mostrou-se um "natural". Sucesso desde o início, na escolinha ao pé das pistas. No segundo dia, já longe dos principiantes, levou um tombo à tarde e fraturou o punho.

O pequeno hospital onde Maggy foi atendida trinta anos antes não existia mais em Megève e fomos atendidos em um ambulatório e enviados, de ambulância, para o Hospital de Sallanches, seguindo a nova orientação das estações de esqui de ter um hospital regional maior e mais bem-equipado.

A fratura foi reduzida e imobilizada e passamos os dias restantes em Megève em passeios e excursões, incluindo o fantástico e imperdível voo pelo Mont Blanc, com saída do aeroporto de Megève, o Altiport.

Voltamos a Paris no dia 10 de janeiro para uma breve estada e apresentação ao Gabriel do hotel de l'Abbaye.

Bons Restaurantes em Paris:

Restaurantes caros e tradicionais, meus favoritos:
Taillevent
15 rue Lamennais - 75008
Tel.: 01.44.95.15.01
Recomendei como o melhor de Paris em *De vinhos e rosas*.

Le Grand Véfour
17 rue de Beaujolais - 75001
Tel.: 01.42.96.56.27
Clássico.

Benoit
20 rue Sainte-Martin - 75004
Tel.: 01.42.72.25.76
Cozinha tradicional.

Novidade entre os caros:

L'Atelier de Joël Robuchon
5 rue de Montalembert – 75007
Tel.: 01.42.22.56.56
Um *must*.
Balcões e banquinhos permitem ver o *chef* em ação.
Delícias inesperadas em pequenas porções.
Vivamente recomendado.

Restaurantes a preços médios, meus favoritos:

Aux Lyonnais
32 rue St Marc - 75002
Tel.: 01.42.96.65.04
Cozinha bistrô.

Allard Paris
41 rue Saint André des Arts - 75006
Tel.: 01.43.26.48.23 / 08.99.69.71.68
Sou cliente do seu pato com azeitonas ou a paleta de cordeiro há cinquenta anos.
Aberto aos domingos.

Chez Georges
1 rue du Mail - 75002
Tel : 01.42.60.07.11 / 08.99.78.89.19
Para almoço, Bistrô.

L'Epi Dupin
11 rue Dupin - 75006
Tel.: 01.42.22.64.56
Bistrô perto do "Bon Marché".

La Méditerranée
2 place de l'Odéon
Tel.: 01.43.26.02.30 – 75006
Frutos do mar, *bouillabaise*

L'Escargot Montorgueil
38 rue Montorgueil – 75001
Tel.: 01.42.36.83.51

Para quem vai à imperdível *rue* Montorgueil:

La Régalade
49 avenue Jean Moulin – 75014
Tel.: 01.45.54.68.58
Muitíssimo bom.

Restaurantes a preços módicos, recomendados:

La Locanda
8 rue du Dragon - 75006
Tel.: 01.45.44.12.53
Massas e trufas. Sempre aberto, mesmo no Natal e Ano-Novo.

Ribouldingue
10 rue Saint Julien le Pauvre – 75005
Tel.: 01.46.33.98.80
Familiar, tradicional, perto da Igreja de Notre Dame.

L'Ourcine
92 rue Broca – 75013
Tel.: 01.47.07.13.65
Pequeno, melhor relação preço/qualidade de Paris.

Chez Denise - La Tour de Montlhéry
5 rue des Prouvaires - 75001
Tel.: 01.42.36.21.82
Dos mais antigos bistrôs de Paris, perto do Jardim de Halles.

La Maison du Jardin
27 rue de Vaugirard – 75006
Tel.: 01.45.48.22.31
Boa relação custo-benefício.

Novidades incluídas na minha lista de favoritos:

Lily Wang
40 avenue Duquesne -75007
Tel.: 01.53.86.09.09
Maravilha de restaurante chinês/francês.
Pratos de cores, sabores e aromas incríveis.

Le Caméléon
6 rue Chevreuse – 75006
Tel.: 01.43.27.43.27 / 08.99.69.66.82
Seu *foie de veau* ganhou o prêmio de melhor prato do ano.

L'Agrume
15 rue des Fossés Saint-Marcel – 75005
Tel.: 01.43.31.86.48
Descreve-se como *cuisine comptoir*, para quem ficar nos banquinhos vendo o *chef* cozinhar.

L'Orangerie
28 rue Saint Louis en Ile – 75004
Tel.: 01.46.33.93.98
Excelente restaurante na ilha de St. Louis.

Cluny, Borgonha
(2009/2010)

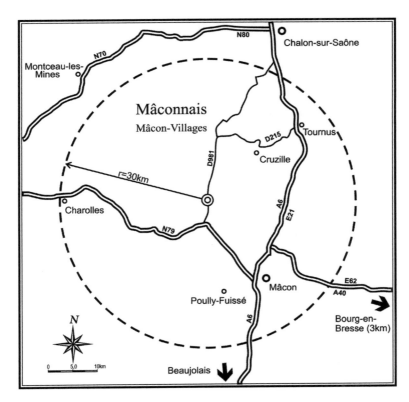

Gîte de L'Espalier, assim se chama a casa que alugamos em Cluny, na Borgonha.

Cluny, uma cidade de 4.500 habitantes, foi construída em torno da famosa abadia, cuja pedra fundamental foi lançada no ano de 1010. Por coincidência, estávamos em Cluny no ano em que se celebrou seu milênio, 2010.

A casa, construída em 1630, a dois minutos a pé do centro da cidade, tinha três quartos com banheiros e uma sala confortável com lareira de grandes proporções. O frio intenso durante o período de dezembro/09-janeiro/10, nos fez apreciar muito a lareira e o inesgotável estoque de lenha.

Começo pela casa nossa história — minha e de minha mulher, Maggy — em Cluny, pois foi graças a ela que conhecemos Jean-Paul e Dominique Beaulieu, os proprietários. Devemos ao casal grande parte do sucesso da nossa estada.

Conhecíamos bastante bem a Borgonha setentrional, de Dijon a Beaune, inclusive Chablis, ao norte de Dijon, e a Côte Chalonnaise, ao sul de Beaune.

Dessa vez nosso foco era o Mâconnais, uma área que vai de Tournous ao sul de Mâcon.

Depois de pesquisar as casas disponíveis na região com nossas especificações — três estrelas ou espigas (*trois épis*), no caso dos *gîtes*, cozinha bem-equipada e lareira, em Gîtes de France (www.gites-de-france.com), procuramos em www.a-gites.com e achamos o número 9049, endereço www.a-gites.com/annonce-9049.html, que inclui fotos do exterior e das acomodações.

Em seguida, encontramos o site www.lespalier.fr, que tem o mapa do centro de Cluny, com a localização da casa. Contatamos o sr. Beaulieu no dia 27 de julho e no dia 30 do mesmo mês tínhamos assinado o contrato de aluguel padrão Gîtes de France, por fax.

No dia 5 de agosto assinei o contrato de *leasing* do carro com a operadora da Citroën, TT Tours Ltda., um Xsara Picasso novo em folha, de 10 de dezembro de 2009 a 8 de janeiro de 2010.

Esta é uma etapa muito divertida das férias de fim de ano — o planejamento e a resultante expectativa, já com contornos definidos.

Nossa correspondência com M. Beaulieu nos permitia saber que estávamos em boas mãos. Quanto ao carro, tenho feito *leasings* há muitos anos com a Renault ou com a Peugeot/Citroën sem qualquer problema e a preços muito em conta.

A mobilidade no destino é indispensável. As *précisions* acima descritas são necessárias, visto ser motivo de perguntas de muitos leitores do livro *Bom tempo na França*, onde conto nossas experiências nas seis casas alugadas em Sarlat,

Saint-Rémy de Provence, Grasse, Dinan, Megève e no País Basco, além de apartamentos em Paris.

Em que pese ter chegado de avião ao aeroporto Charles de Gaulle, ao norte de Paris, apanhamos o carro no aeroporto de Orly, ao sul, já na rota para a Borgonha. Isto nos evitaria dirigir através de Paris, o que provou ser medida valiosa devido a engarrafamento complicado.

Percorremos cerca de 300km na Autoroute du Soleil (A-6) até Beaune, cidade que muito apreciamos, onde chegamos ao fim da tarde. Ficamos na Hostellerie Le Cédre, para apreciar a cidade e cortar a viagem. A Hostellerie está na avenida periférica, a pequena distância do centro da cidade, e tem um excelente restaurante, o Clos du Cédre. Jantar excepcional!

Chegamos à Borgonha pela porta principal, pois Baune vale uma viagem.

Acordamos no dia seguinte com um dia claro e límpido, com temperatura de 7°C, e chegamos a Cluny pouco depois das 11 horas, onde encontramos o sr. Beaulieu na praça perto dos Correios, como combinado. O simpático sr. Beaulieu tem cerca de 60 anos e apresenta um porte militar, indicando sua carreira no Exército. Levou-nos para a casa que alugamos, no nº 6 da *rue* de la Liberté. Entramos na garagem e, por sorte, a Maggy não viu a fachada da rua, que é o único ponto fraco da casa. No site, a foto principal da casa é da fachada dos fundos, esta, sim, simpática e atraente. A fachada da frente tem a porta da garagem, a porta principal e uma janela no segundo andar, escondendo uma enorme casa de três andares.

A entrada, junto à garagem, é original do século XVII, quando se cozinhava perto da rua e onde se lavava a louça, panelas e talheres em uma bacia e a água suja era jogada na via pública. Na época, este era o aposento da casa onde se vivia. Nos fundos a *buanderie*, num grande salão com máquina de lavar roupa e secadora, depósito de aparelhos como aspirador e tábua de passar roupa e a lenha da lareira. Esta, por ser muito grande, exige toras de razoável tamanho, o que resultava no meu esporte diário, para abastecer a lareira. Por outro lado, grossas toras duram muito tempo. Junto à lareira, um *bufadou*, um soprador de madeira que facilita enormemente a operação "acender lareira", com auxílio de um *allume-feu*, tablete de álcool sólido que substitui o papel da partida. Sendo esta a minha décima segunda lareira na França, sou um *expert* no assunto.

No primeiro andar, uma confortável sala/*coin cuisine*. Tudo muito bem-equipado com forno e fogão elétrico, geladeira e *freezer*, micro-ondas e todo o "trem" de cozinha imaginável. Nas casas que ficamos sempre faltava alguma coisa. Esta foi uma exceção, pois Dominique gosta de cozinhar e sabe o que é necessário.

Lavabo de apoio à sala e quarto com banheiro completo que transformamos em *closet*, com as malas, compras, e por vezes adega. No segundo andar, mais dois quartos com banheiro completo.

Toda a casa foi reformada pelos Beaulieu recentemente para uma filha que mora na África do Sul com a família, que inclui netos, para a eventualidade de, um dia, ela desejar voltar à casa de origem. Esta é a razão de a casa ser bem-decorada, com bom gosto e *finesse*.

Ficamos assim, muitíssimo bem-instalados, com um quarto no segundo andar esperando nossos amigos José Elias Salomão e Elvira, que geralmente chegam na última semana de nossa estada, quando já vimos tudo a ser visto e podemos apresentar nossos novos amigos, uma constante em nossas viagens.

Dominique, uma senhora refinada, alta, bonita, com um elegante cabelo grisalho, juntou-se a nós para explicar a Maggy o funcionamento da máquina de lavar pratos, do fogão e do forno, essas duas peças de meu interesse direto. Mostrou ainda o enorme estoque de louças no gigantesco armário da sala, peças que passaram por gerações de Beaulieus.

Almoçamos na cidade e fomos ao supermercado Attac, que, como sempre no interior da França, tem praticamente tudo o que necessitamos. Nas compras na França, um *caddie* é indispensável: um carrinho dotado de bolsa de lona emborrachada, que substitui as sacolas. No dia seguinte, fomos ao outro supermercado da cidade, o Intermarché, completar o abastecimento da despensa para quatro semanas, incluindo o citado *allume-feu* (*chose très necessaire*).

Era sábado, dia de feira livre na cidade, e portanto dia de festa para queijos e salames. Flores, muitas flores. Fomos ainda ao açougue da cidade, muito recomendado pelo sr. Beaulieu. Compramos a famosa carne de Charolles, uma das melhores do mundo.

Almoçamos um *Petit salée aux lentilles*, prato usual na viagem e que gosto muito com vinho Pommard Closerie des Alisiers 2005, muitíssimo bom.

O jantar foi nota 10 com louvor. A carne de Charolles, um *faux filet* com a extraordinária batata *ratte, en chemise, bien sûr*. A *ratte* é sempre servida com sua fina casca.

De domingo 13 a 22 de dezembro de 2009 tivemos temperaturas abaixo de 0°C, incluindo o dia 19, com -10°C, quando nos preparávamos para dormir. Certamente, de madrugada fez mais frio ainda.

No domingo, demos início aos passeios pelas cidades vizinhas, começando por Tournons, ao norte, com sua abadia-igreja de Saint Philibert, do século XII.

Na volta tomamos um *apéro chez* Beaulieu, o primeiro de muitos encontros regados a vinho ou chá, com direito a um Vieux Marc de Bourgogne, que ambos (eu e Jean-Paul) gostamos muitíssimo.

Na segunda-feira, uma *conference call* com o Brasil me tomou a tarde toda. Assim, dedicamos a manhã para visitar a Abadia de Cluny, que pedirei a Maggy que descreva, já que o assunto — abadias, igrejas e castelos — é sua especialidade.

O jantar foi um magnífico *pot-au-feu*. Estava voltando aos meus tradicionais pratos de viagem, que seriam, doravante, alterados pela disponibilidade da excelente matéria-prima local, a carne de Charolles e a galinha de Bourg-en-Bresse, a célebre *poulet de Bresse*.

Como havia feito reservas no Brasil para ir aos restaurantes Troisgros e Georges Blanc, tentei reservar outro três estrelas do Michelin, o Lameloise, e com tristeza soube que estaria fechado até 10 de janeiro de 2010. *Dommage.*

Cluny tem cerca de 4.500 habitantes e está localizada no departamento de Saône-et-Loire, no Mâconnais, no sul da Borgonha. Tem três excelentes lojas de vinho e duas farmácias, o que diz alguma coisa.

Tem ainda cinco cafés-restaurantes, todos servindo o excelente *marc* de Bourgogne Jacoulot, meu predileto. Terra civilizada. Um dos bares menores está sempre cheio e o dono tem um grande cachorro que atrapalha a passagem. Numa ocasião o dono, gentilmente, pediu ao cachorro que saísse do corredor, e eu, não entendendo bem o nome do bicho, perguntei:

— Como é o nome do cachorro?
— Chablis.
— Ah, que nome engraçado!
— Muito adequado para um cachorro de bar, não acha?

Eu, certamente, gostei muito de Cluny e de sua população.

Maggy, um dia, disse a Dominique que o povo de Cluny era muito amável, simpático e prestativo, ao que ela retrucou: "Vous faites pour..."

Nossa rua, de la Liberté, faz ângulo com a *rue* de l'Hôpital, onde está a grande casa dos Beaulieu. Na outra direção, a *rue* de la Liberté encontra a rua principal, que, em que pese ao reduzido tamanho, muda de nome quatro vezes! Commerce, Filaterie, Lamartine e Mercière.

Lamartine está em toda a parte na região. Maggy vai explicar.

Na rua principal, que passa pela abadia, na praça onde ocorrem as feiras de sábado e todo o comércio necessário, há duas lojas que vendem charutos cubanos e o chiquérrimo *chocolatier* Germain, que faria sucesso em Paris. A loja de vinhos Le Celier de l'Abbaye, ao longo do muro da abadia, tem uma adega extraordinária.

Não passamos necessidades.

Experimentei os vinhos da região: Poully-Fuissé, Poully-Vinzelles, Poully-Loché, Vire, Vire-Clessé, Saint-Véran, Mâcon-Villages, Mâcon-Clessé e Pierreclos. Nenhum desses vinhos custou mais que 20 euros. A surpresa ficou por conta dos Mâcon-Loché, que eu não conhecia. Loché é o nome da estação do TGV em Mâcon (onde fui buscar Salomão e Elvira).

As grandes safras são 1999 e 2005, difíceis de encontrar, com grande promessa para a de 2009. A maioria que bebi era 2007 e 2008.

Francamente, são bons vinhos que me deram prazer, mas em dias especiais, e com a chegada do Salomão, passamos aos vinhos mais ao norte, não do Mâconnais e sim do Chalonnais: Montrachet e Meursault para os brancos e Côte de Beaune para os tintos, incluindo os extraordinários Pernand-Vergelesses, que conheci melhor nessa viagem.

Evidentemente, fiz algumas "visitas" aos extraordinários vinhos da Côte d'Or, com suas estrelas nas cidades de nome duplo, incluindo seu melhor vinho como Gevrey-Chambertin, Morey Saint-Denis, Chambolle Musigny, Vosne-Romanée. Sobre minhas viagens a essa região encantada, escrevi no livro *De vinhos e rosas*, editado em 1992, há muito esgotado.

Meus amigos sempre perguntam o que fazemos em quatro semanas em uma pequena cidade. Em primeiro lugar, não estamos confinados à cidade-base e sim à região, onde sempre há muito que ver.

Como exemplo, fomos almoçar em Charolles, a cerca de 30km a oeste de Cluny, no excelente restaurante "de la Poste", recomendado por Jean-Paul. Mais adiante, na mesma estrada N-79, Paray-le-Monial, com sua basílica e seu claustro. Na estrada Lamartine (sempre Lamartine), Pierreclos, um castelo com produção de vinhos tintos de qualidade. Há ainda Cormatin, Berzé, Taizé, Chalon, Mâcon, Aze, Mont Saint-Vincent, Bourg-en-Bresse, Brou, Mont Saint-Roman, Solutré, além de Vonnas e Rouanne.

Em qualquer lugar na França há dificuldade em entender meu nome, Temporal, e me habituei a fazer minhas reservas soletrando T-E-M-P-O-R-A-L.

Em Cluny, no açougue, na loja de fotos, no restaurante, na lavanderia, quando tinha que dizer meu nome e começava a soletrar, para minha surpresa diziam: "Eu sei escrever Temporal." O mistério desfez-se quando descobri uma família Temporal em Cluny.

Loïc Arnaud Temporal, o proprietário do cabeleireiro da cidade, me informou a origem da família desde 1789, em Ressourge, Pont de Vaux, no departamento d'Ain, na região de Rhône-Alpes. Vou tratar de seguir esta pista. Surpresa total.

Cluny tem um táxi-charrete chamado Équi Navette que é um barato! Deve-se ao prefeito da cidade, um ambientalista xiita que diz: "*Circuler à cheval, une idée d'avenir.*" Uma grande bolsa de couro colocada entre o cavalo e a charrete impede que o táxi suje a cidade.

Os Beaulieu nos convidaram para jantar na casa deles, com uma irmã de Jean-Paul, Catherine. Foi uma festa adorável. Jean-Paul, que serviu no corpo diplomático durante vinte anos em países francófonos da África e do Caribe, *Commandeur* da Legião de Honra, é um cavalheiro com enorme cultura, principalmente de história. Deliciei-me com as histórias da Abadia de Cluny e da filial de Paris, onde está o Museu da Idade Média, na confluência dos boulevards Saint-Germain e Saint-Michel.

Dominique tem cultura mais humanística e ficamos impressionados com a quantidade de livros que leu.

Por falar em livros, minha estada em Cluny foi marcada pela leitura do (*l'Elégance du Hérisson*), *A elegância do ouriço*, de Muriel Barbery, um livro extraordinário que me tocou muito.

Retribuí o jantar dos Beaulieu no dia 22 de dezembro, com o cardápio centrado em um *gigot d'agneau* devidamente encomendado no açougue.

O cardápio foi: *Amuse bouche*: Torradas com *tapenade* verde; Entrada: *Les oeufs em fleurette*; Prato Principal: *Gigot d'agneau roti dans son jus, pommes rattes et riz basmati*; queijo, *Fourme d'Ambert* em biscoitos Digestive; torta de *apricots* de Chez Germain; café; Vieux Marc de Bourgogne Jacaulot.

Vinhos: Meursault, Domaine Chaugarnier 2006, Nuits Saint-Georges La Perriére, 2002, comprados no Le Celier de l'Abbaye, com Mme. Alice, de quem me tornei cliente.

No dia 18 de dezembro de 2009, uma sexta-feira, devia sair para Rouanne com destino ao restaurante Troisgros, usando um roteiro obtido do Google, por estradas secundárias ou "D", de distrital. A reserva foi feita por intermédio do meu amigo Claude Troisgros e incluía pernoite na hospedaria do restaurante. Dormir em Rouanne era imperativo devido à lei seca francesa e aos 60km no percurso mais curto, pelas estradas vicinais. Na véspera nevou muito e o noticiário indicava estradas bloqueadas.

Na hora do almoço Jean-Paul apareceu, preocupado com nossa viagem, e recomendou agasalhos, cobertores e garrafas de água. Enfaticamente desaconselhou as estradas secundárias, que estariam em mau estado, recomendando a autoestrada A-6, caminho mais longo e mais seguro. Assim fizemos. Jean-Paul pediu que telefonássemos quando de nossa chegada.

Chegamos a Rouanne sem maiores problemas no fim da tarde.

O hotel da Maison Troisgros é impressionante: moderno, de bom gosto, com um serviço impecável. A decoração dos apartamentos é sensacional.

O prédio imponente do hotel-restaurante está na praça Jean Troisgros, em frente à estação de trem. No apartamento 14 nos aguardava uma jarra de Earl Grey gelado, com especiarias, que nos encantou, acompanhado de brioches e merengues. De nossa janela víamos a neve caindo. O jantar foi, como esperado, um sucesso.

Cardápio: *Mezzaluna de pomme de terre et truffe; Multicolore de homard au vieux xérès; Lapin et langoustines poêlés ensemble; Soufflé à la rhubarbe fraîche.*

Vinho: Meursault Les Clous 2005 de Javillier.

Não há como descrever os surpreendentes sabores dos pratos, de sua harmonia e apresentação. Tivemos ainda dois *amuse bouche* de entrada e um encaminhamento da sobremesa. Coisa digna de reis. Michel, irmão de Claude Troisgros, veio nos apanhar após o jantar para visitar a cozinha e um dedo de prosa. Figura simpática como o irmão. Neve, muita neve — temperatura de -5°C.

É um insulto chamar o *petit-déjeuner* do hotel Troisgros de café da manhã. Uma sinfonia de formas, texturas e sabores. Tinha até mesmo café!

Saímos de Rouanne com temperatura de 7° negativos e debaixo de neve. Tivemos um retorno complicado e, devo dizer, perigoso. Levamos horas, para grande aflição de nossos amigos Beaulieu, que só se tranquilizaram quando chegamos em casa.

No dia de Natal, aproveitamos o sol e o calor primaveril de 9°C para passear e passamos pela livraria, que estava aberta, quando me deparei com a foto do presidente Lula na primeira página do jornal *Le Monde*, como "Homem do Ano", com direito a reportagem na revista que acompanha o jornal. *Chose de loque,* como diria Jô Soares.

Sábado, dia 26 de dezembro de 2009, almoçamos no restaurante Georges Blanc, em Vonnas, cerca de 10km a leste de Cluny, do outro lado do rio Saône, portanto não mais em Saône-et-Loire, mas em Ain, departamento de Rhône-Alpes de onde, quem sabe, vieram meus ancestrais por parte de pai, já que, por parte de mãe, minha bisavó era oriunda de Santa Margherita, não na Ligúria, onde há uma cidade do mesmo nome, mas do alto Adige, perto de Trento.

Deixando a genealogia de lado, já havíamos estado no Georges Blanc há muitos anos, durante uma estada em Romanèche-Thorin, no Auberge Maritonnes, no início da década de 1980.

Confesso que ficou a lembrança de um excelente jantar e um pouco mais. Desta feita, saímos de casa cedo, pela D-980 tomamos a *incontournable* N-79 até Mâcon e atravessamos o Saône em direção a Bourg-en-Bresse e fomos a Brou, visitar o espetacular monastério e a igreja, coisa imperdível na região. Deixo os detalhes com a Maggy, pois é assunto de sua especialidade.

Escrevi no meu sucinto diário de bordo: "Almoço memorável — fogos de artifício." Destaco no cardápio: *Minute de bar napée d'une marinière a l'huile vierge et au Chardonnay, releve d'un medley d'aromates et d'herbes*. Tomei um excelente Nuits-St-George 2005, *domaine* Alain Michelot.

Georges Blanc é um fidalgo, muito simpático, que já veio ao Brasil 18 vezes, onde tem muitos amigos e diz ser sua segunda pátria.

Por se tratar de um evento magno, fomos ao final da tarde tomar um chá com os Beaulieu e relatar nossa experiência.

Dominique é partidária do Troisgros e Jean-Paul, do Georges Blanc. Maggy e eu, diplomaticamente, ficamos com os dois. O *pot* (aperitivo) ao fim do dia, *chez* Beaulieu ou em casa, estavam ficando frequentes, e no dia 28 de dezembro tivemos uma discussão sobre os ingredientes do *pot-au-feu*, que, para mim, é feito de:

600g de *poitrine demi-sel* ou carne de segunda*
1 *os à moille* (osso com tutano)
6 cenouras
2 cebolas médias
1 *echalote*
2 *poirreau* (alho-poró).

Os Beaulieu afirmaram que há batatas no *pot-au-feu*, e a discussão terminou com a pesquisa em todos os livros de receita da casa, inclusive os de gerações passadas. Terminaram por me dar razão, ao que Jean-Paul disse: "... e vem este brasileiro ganhar a aposta sobre os ingredientes do *pot-au-feu*."

Dia de são Silvestre, 31 de dezembro, fomos convidados para o jantar com a família Beaulieu. Reproduzo o fenomenal cardápio que incluía uma *brouillade au truffes*, chamada de *truffade*, pois tinha mais trufas que ovos. Uma festa a ser lembrada: o casal, o filho Philippe e a esposa Hélène com os filhos e nós com as joias da coroa — toalha de mesa da Tailândia (da avó), louça da famosa fábrica de Charolles, copos *baccarat* do século XVIII, *au affair to remember*.

---

*Não existe carne de segunda: existe cozinheiro de segunda.

À meia-noite, na passagem do ano, estávamos degustando um Vieux Marc de Bourgogne de 1953 de Chez Trénel Fils, a joia da adega de Jean-Paul, reservado para quem entende do assunto. A casa dos Beaulieu, na *rue* de l'Hôpital, perpendicular à nossa *rue* de la Liberté, tinha um enorme quintal com muro comum com o nosso pequeno jardim. Uma porta ligava os dois jardins e permanecia fechada a chave. No dia que passamos a nos chamar pelos primeiros nomes, a porta foi aberta com cerimônia e passamos a nos visitar pelo atalho das portas dos fundos. Pequenas coisas com grandes significados.

Salomão e Elvira chegaram no dia 4 de janeiro de 2010, e da estação do TGV de Mâcon fomos almoçar em Tournons no excelente restaurante Les Remparts, onde tomamos um extraordinário Savigny les Beune Aux Vergelesses de Simon Bile & Fils, que foi um dos melhores vinhos da viagem, mesmo comparando com os da Côte d'Or. Nesse dia terminei, com muita pena, de ler *A elegância do ouriço*.

No dia seguinte apresentamos aos nossos convidados a fantástica carne *charrollais*, no Hotel-Restaurant de la Poste em Charrolles. De volta a Cluny, café com Jacoulot, que o Salomão aprecia muito, no Café do Centro, onde já somos conhecidos, e como os locais cumprimentamos o *barman* com um aperto de mãos.

À noite, *apéro chez nous* com os Beaulieu.

Outro dia, após uma manhã cinza, a -2ºC e com neve, tivemos um lindo dia de sol, ideal para ver a imponente rocha de Solutré, em forma de proa de navio, dominando campos de vinhas a perder de vista, cercada de cidades com nomes começando por Pouilly, que produzem vinhos conhecidos de todos os aficionados.

Não confundir Pouilly-Fuissé, da Borgonha, com Pouilly-Fumée, do Vale do Loire.

Em Solutré há um notável museu a ser visitado imperativamente pela impressionante arqueologia da região.

Como sempre, Salomão espera minha última semana de férias para aparecer, quando já conheço os locais a visitar, os restaurantes preferidos e minha modesta adega deve ser esvaziada.

Jantar com um Vosne-Romanée 1998 de René Engel, escolhido por sua graduação alcoólica de 12,5°, que é a minha preferida. Positivamente, não gosto da novidade de vinhos de 14°. Gosto de vinho e não de álcool, como disse Jancis Robinson em artigo no *Financial Times*.

No último dia em Cluny fomos a Bourg-en-Bresse visitar o monastério Royal de Brou e comer uma *poulet de Bresse* no excelente restaurante L'Auberge Bressene, em frente ao monastério.

Nosso jantar serviu para esvaziar a geladeira de *foie gras*, salmão defumado, caviar e camarões. O mesmo destino foi dado à adega.

No dia 7 de janeiro, trigésimo dia de viagem, saímos para Paris por volta das quatro horas, após despedida dos Beaulieu, tomando a A-6.

Duas horas mais tarde, já fora da Borgonha, Jean-Paul me telefonou dando notícia de uma monumental nevasca e estradas bloqueadas. Até nisso tivemos sorte e nossa viagem foi impecável. Deixamos o carro na TT Car Transit, agência do aeroporto de Orly, para passar uma semana em Paris, em nossa "casa", o hotel de l'Abbaye, aberto em 1973 por Gisele e Pierre-Antoine Lafortune.

Hospedei-me pela primeira vez no l'Abbaye em 1977, recomendado por Henri Gault e Christian Millau, os editores da revista *Gault et Millau* e organizadores dos Croisières Gastronomiques. A proposta era criar em Paris seu primeiro *hotel de charme* nesta residência construída no final do século XVI, conhecido como Hotel de Cassel, sobre um antigo convento beneditino. A tranquilidade e a beleza do hotel começam a ser percebidas em sua entrada, um inesperado oásis em Paris. A impressão é reforçada pela sala de estar, pelo terraço envidraçado na beira do jardim ao fundo do prédio. O que distingue o hotel é seu impecável serviço. O hotel está em permanente renovação e novas suítes foram acrescentadas, recentemente, no 4º e último andar.

Como diz o folheto recebido na chegada ao l'Abbaye, "Uma página da história": "... as áreas de recepção e boas-vindas preservam o charme de uma residência parisiense."

Nesses 33 anos tenho sido dos clientes mais fiéis do l'Abbaye, onde me sinto em casa, sentimento que Maggy partilha comigo. Como disse Montaigne: "Eu não retrato o ser. Eu retrato a passagem. Não a passagem de uma idade para outra... mas de um dia para outro, de um minuto a outro minuto", com um fluxo de consciência. Afinal, a vida é o que acontece enquanto fazemos outros planos.

Cada capítulo deste livro foi escrito no local e no ano em que ocorreu a aventura pela "França profunda". Esta reflexão final, como somatório das experiências vividas, mostra a importância do contato humano com pessoas amigas, abertas e com uma dose de loucura contida, que é o tempero da singularidade. Boa parte do sucesso das nossas férias é devida ao inusitado, ao inesperado, ao fascínio de pessoas diferentes e interessantes que se abrem calorosas para observadores interessados.

Quando nos perguntam se não temos vontade de procurar outros países para nossas viagens, lembramos de nossas felizes experiências passadas e começamos a planejar as futuras incursões pela França, *toujours France*.

Restaurantes — Endereços:

Georges Blanc
Place du Marché, Vonnas
Ain, Bourgogne
Tel.: 04.14.50.04.47

La Maison Troisgros
Place de La Gare
Roanne, Loire
Tel.: 04.77.71.66.97

Lameloise
36 Place D'Armes, Chagny

Saône-Et-Loire, Bourgogne
Tel.: 03.85.87.65.65

Hostellerie Le Cédre
Bd. Marechal Foch, nº 12, Beaune
Côte d'Or, Bourgogne
Tel.: 03.80.24.01.01

La Dame D'Aquitaine
Place Bossuet, nº 23, Dijon
Côte d'Or, Bourgogne
Tel.: 03.80.30.45.65

Le Rempart, Restaurant Le Bistrot
Av. Gambetta, nº 2, Tourous
Saône-et-Loire, Bourgogne
Tel.: 03.85.51.10.56

Le Poisson d'Or
Port de Plaisance, Mâcon
Saône-et-Loire, Bourgogne
Tel.: 03.85.38.00.88

De La Poste
Av. Libération (près de l'église), Charolles
Saône-et-Loire, Bourgogne
Tel.: 03.85.24.11.32

L'auberge Bressane
Boulevard Brou, Bourg-en-Bresse
Ain
Tel.: 04.74.22.22.68

Coup De Coeur, Cluny
Maggy Temporal

Ainda bem que eu não reparei na fachada da casa no nosso primeiro dia. Era muito feia. Quando chegamos a Cluny, telefonei para o proprietário, avisando que estávamos na cidade, e expliquei esquina tal com tal: "J'arrive dans une minute! Ne bougez pas." Ele chegou logo depois, muito simpático, a casa era logo ali. Entramos de marcha a ré pela garagem.

Foi construída em 1630, com apenas um andar, um grande cômodo junto à cocheira. Uma sala única onde a família comia, dormia, cozinhava. Tinha até uma grande lareira. Nossa casa, propriamente dita, ocupava o segundo e o terceiro andares, com uma entrada pelos fundos, um pequeno jardim e uma charmosa escada externa, cheia de plantas.

Quando vi a sala, fiquei deslumbrada! Era a casa mais linda em que já ficamos. Muito grande, decorada com móveis de classe, detalhes de bom gosto, um ambiente alegre e funcional. Três banheiros completos e um lavabo (para uma casa francesa é um luxo jamais visto). Três quartos, sendo que o nosso era imenso. Sempre o toque da elegância.

Assim, conhecemos a casa onde ficaríamos um mês, e a fachada feiosa e desanimadora só vi depois. Eu andava pela cidade pensando: "Quantas dessas casas inexpressivas e banais também são muito bonitas por dentro?", como as pessoas, se formos julgá-las só pelo que os olhos veem.

Os donos da casa, Dominique e Jean-Paul Beaulieu, foram encantadores. Parece que se tomaram de amores por nós, porque não poderiam ter sido mais gentis. Convidavam-nos para tomar um drinque ou chá no fim da tarde. Apareciam rapidamente para saber se precisávamos de algo. Uma conversa interessante e espirituosa de um casal que já viajou muito. O que apreciei, especialmente, foi o bom-senso de não exagerarem e se tornarem invasivos.

Convidaram-nos para um jantar memorável. Foi a mesa mais linda que já vi na vida. Copos de Limoges, porcelana de Sèvres, uma toalha branca rendada e bordada de 1850! Não consigo entender como se guarda impecavelmente uma toalha por tantos anos! Tudo presente de casamento dos avós e bisavós dos dois lados. Numa época em que dar copos de Limoges queria dizer um serviço inteiro, com centenas de copos. Um jantar delicioso, muito bem-apresentado. Foi emocionante verificar a alegria dos dois em poder nos oferecer tudo isso.

A Borgonha, rica e variada, se divide em quatro departamentos, quatro rios importantes (Seine, Loire, Saône e Rhône). Em qualquer direção que se olhe se encontra arte, cultura, gastronomia, enologia, lazer de todo gênero. Inúmeras cidades e *villages* lindos, castelos, museus, igrejas.

A paisagem é uma das mais bonitas da França. Os campos, levemente ondulados, um grupo de árvores aqui e ali, tantos tons de verde diversos, uma fazenda, um lugarejo mínimo, uma torre de igreja. E muita água, sempre um rio aparecendo e suas pontes pitorescas ou majestosas.

Cluny é uma cidade (4.500 habitantes) simpática, com uma rua principal que a corta de ponta a ponta e vai mudando de nome várias vezes.

Lamartine, grande poeta do Romantismo, nasceu em Mâcon (1790), viveu em algumas cidades dessa parte da Borgonha que ele adorava, amou várias mulheres e é lembrado em todo lugar. É nome de hotel, butique, restaurante e parque.

Cluny é conhecida por sua famosa abadia, ou o que restou dela. Sua construção começa em 910, festeja-se agora o milênio. Foi por muito tempo a maior igreja da cristandade. Centro que exerceu grande influência na vida religiosa, intelectual, política e artística da Europa.

Logo depois da Revolução Francesa, o edifício já estava bem abalado, foi então derrubado e vendido pedra por pedra. É um fato tão vergonhoso que, conta-se, Napoleão e seus soldados deveriam passar por Cluny, mas o general recusou-se dizendo que não pernoitaria em uma cidade que ousou vender as próprias pedras.

Hoje o que existe para se ver? Alguns vestígios das colunas que dão uma ideia do colosso da basílica, uma parte do transepto. Uma interessantíssima reconstrução em 3D da antiga abadia. Uma grande maquete de Cluny que oferece uma ideia de sua aparência nos tempos de esplendor. Pode-se, também, visitar o claustro e o monastério, atualmente uma universidade.

Quando nós preparamos uma viagem, estudamos bem a região, usando, especialmente, o *Guide Vert Michelin*. Desta vez, como sempre, examinamos bem e eu sabia que havia muito, muito para ver. No entanto, fiquei decepcionada quando verifiquei que tudo estava fechado no inverno. Ou quase: um só castelo, um só museu e inúmeras igrejas românicas. Como eu gosto de sair, passear, conhecer... E agora? O que faço? Bem, a gente se adapta. Ficamos em casa mais do que eu desejaria, li oito livros, assisti à televisão, passeamos muito pela cidade e deu tudo certo.

Dijon é uma cidade bem interessante, mas considerada longe pelos parâmetros do Tempo. Um museu importante, Le Palais des Ducs de Bourgogne, que é o Musée des Beaux-Arts. Vê-se três túmulos extraordinários, de Philippe le Hardi, de Marguerite de Bavière e de Jean Sans Peur. Vale a pena vir de longe para conhecê-los.

Beaune, que conhecemos bem de outras passagens, é uma cidade incomparável. Seu esplêndido Hotel-Dieu, sua igreja de Notre-Dame, suas muralhas, as casas antigas e simpáticas ruas de pedestres.

Impressionante é o monastério real de Brou. Não é mais na Borgonha, mas em outro departamento, o Ain, perto de Bourg-en-Bresse. A construção começou em 1506, um conjunto de igreja, monastério e claustros. Como em Dijon, existem três magníficos túmulos e mais vitrais lindos, retábulos. Talvez o que mais permaneça na nossa lembrança seja o belíssimo telhado, são telhas policrômicas, envernizadas, formando desenhos geométricos.

Como beleza natural, a rocha de Solutré é imponente. Um soberbo rochedo escarpado de forma insólita se eleva acima dos vinhedos onde foi descoberta uma das mais ricas jazidas pré-históricas da Europa. Até os últimos anos de seu mandato, o presidente Mitterrand tinha o hábito de efetuar, uma vez por ano, a ascensão da rocha de Solutré, acompanhado de alguns amigos fiéis. Há um museu da pré-história muito interessante.

A Borgonha é famosa por seus vinhos e sua cozinha. Estivemos em pequenos bistrôs e templos gastronômicos.

O restaurante Troisgros, em Rouanne, tinha sido reservado há meses, para comemorarmos nosso aniversário de casamento. Foi o inverno mais rigoroso de todos os que passamos na França. Lembro-me da manhã do dia em que viajaríamos para Rouanne, fiquei olhando pela janela e nevava muito. Há dois dias não parava de nevar. Que medo de pegar a estrada! Mas desistir? Desmarcar? Jean-Paul apareceu assustado: "Vão unicamente pela autoestrada. Levem cobertores e água!" Ufa! Coragem!

O restaurante e o jantar foram inesquecíveis. Mil *amuse-bouche* antes e depois de cada prato. Agora existe algo chamado *pré-dessert*, tinha até *pré-pré-dessert*. Acho que os cozinheiros devem se divertir muito preparando essas novidades: são bem delicadas e deliciosas. É um lugar onde a beleza e a originalidade da apresentação se igualam ao prazer gustativo.

O hotel Troisgros é um Relais et Châteaux: um quarto lindo cheio de bossa. O banheiro não tem portas, só umas cortinas esvoaçantes. Morri de rir. Só pensava: Ah! Aninha aqui! O *petit-déjeuner* foi o mais fora de série que já vi na vida. Uma parte *self-service*, outra servida na mesa. Tudo tão bonito, impecável. Perfeito. Pela primeira vez comi uma *madeleine* que tinha o gosto da do Proust, porque todas as outras que já tinha comido eram simples bolinhos.

Outro restaurante magnífico foi o *étoile* Georges Blanc, perto de Bourg-en-Bresse, onde almoçamos. Ele funciona há muitos anos e veem-se fotos de um sem-número de chefes de Estado, *jet set*, atores, cantores, enfim, todas as *beautiful people*. É um lugar amplo, com várias salas que são preenchidas progressivamente. A mesa é linda, muito enfeitada, nada *clean*, mas o resultado final é uma graça. O proprietário *charmant* conversou conosco, já veio ao Brasil mais de vinte vezes e conhece todo o mundo do *métier*. A sobremesa era bonita demais, hesitei antes de parti-la.

Em Charolles, a 30km de Cluny, no Hôtel de la Poste, era preciso experimentar a famosa *viande charollaise*. A verdade é que nunca comi um *steak* melhor na vida.

Mas o "Tempinho" também cozinha que é uma beleza, de modo que, em casa, passamos muitíssimo bem. É nosso ritual das viagens, a expectativa de alguns pratos sempre presentes: "Olha, você ainda não fez o *pain perdu* ou aquela sopa de repolho (um que só tem na França) e *roquefort*."

Os anos passarão e um dia, olhando para trás, algumas impressões marcantes ficarão de Cluny. A simpatia do casal Beaulieu fez nascer uma amizade espontânea e rica, uma casa original, unindo o conforto, o charme e o refinamento e uma cozinha certamente das mais expressivas da França.

Epílogo

*L*eitores do *Bom tempo na França* fizeram perguntas que passo a responder:

1. **A primeira é se não temos vontade de retornar a um dos lugares visitados.**
A rigor, já voltamos a Megève várias vezes, onde alugamos dois chalés. Trata-se de uma estação de inverno que tinha atrativos para nós, quando ainda esquiávamos, onde esquiamos com os filhos e agora observamos os netos.
No que tange a outros destinos, eu, certamente, aceitaria de bom grado retornar aos locais onde fomos particularmente felizes. Ocorre que tenho enorme paixão pela cozinha e, em decorrência, por feiras livres, mercados, produtores, secos e molhados e toda a cornucópia da enogastronomia francesa. Maggy, em que pese ao seu entusiasmo pela boa mesa, não é uma fanática. Assim, há que encontrar museus, castelos, igrejas, monastérios e monumentos em nossa área de ação, junto à cidade-base.
Não podemos, portanto, voltar a uma região onde fizemos um curso intensivo com pós-graduação. Existem na França mais de 20 mil comunas: há muito que escolher.

2. **Outra pergunta é quem cozinha para nós.** Não existe a menor possibilidade de dividir o prazer do *hobby* com alguém. Das três refeições do dia, duas são feitas em casa.

O café da manhã responde por um terço das refeições e 50% do prazer da cozinha. Há que aproveitar.

As possibilidades são quase infinitas, desde uma modesta *omelette "nature"* até crepes, *pain perdu* (rabanadas), ovos mexidos com *panceta*, torradas com salmão defumado e as preciosas sobras do jantar da véspera, que, com sorte, incluirá um saldo de *petit salé aux lentilles*. Tudo acompanhado de queijos, salames, presuntos e linguiças locais. Uma festa.

Um brasileiro viverá algo em torno de 75 anos. Tirando dois ou três de mamadeira, tomará mais de 26 mil cafés com leite, pão e manteiga. Convenhamos, é uma tara! Falta de imaginação, no mínimo. Terá desperdiçado um terço de todas as suas oportunidades da aventura da comida.

3. **Como organizamos as viagens.**

As férias e a viagem começam seis meses antes de sair do Brasil, quando decidimos nosso alvo e buscamos a casa para alugar no site www.gites-de-france.com. Geralmente nos oferecem opção de uma centena de casas no raio de, digamos, 50km de nosso objetivo. Verificamos rapidamente, pela internet, as casas disponíveis nas especificações desejadas (três estrelas, mínimo de dois quartos, cozinha bem-equipada e lareira) e anotamos as que mais nos agradam. Reduzimos a escolha a uma dezena de casas. Aprofundamos nossa investigação examinando a localização e fotos do interior, disponíveis no site. No final, selecionamos duas ou três. No *site* há indicação do custo e da disponibilidade na data desejada.

Escolhida a casa, há que contatar o/a proprietário/a por e-mail e concluir o negócio com um contrato e o pagamento de um sinal, em geral de 25% do total. Tudo muito fácil e divertido. Quinze anos atrás, quando começamos a usar o modelo de aluguel de casas em cidades-base do interior, escrevíamos para a Câmara de Comércio local ou ao *Syndicat d'Iniciative* e recebíamos uma revista com as fotos das casas disponíveis. Lembro-me de que em Sarlat e sua vizinhança havia quatrocentas casas a escolher. Hoje, a internet é *incontournable*.

4. A quarta pergunta refere-se ao preço.

Passamos quatro semanas em Cluny, na Borgonha, e uma semana em Paris, onde gastamos mais que nas quatro semanas no interior.

5. A quinta relaciona-se com serviço.

A roupa de cama e toalhas são trocadas a cada semana e o preço está incluído no aluguel. A faxina, ao término da estada, é prevista a um preço módico.

6. E, finalmente, por que sempre a França?

Espero que este livro seja a melhor resposta para esta pergunta.

A frase "Everyone has two countries: his own and France", de John F. Kennedy, não é original. A primeira vez que esta verdade aparece na literatura é: "...Tout homme a deux pays, le sien et puis la France", da peça *La Fille de Roland* (1895), de Henri de Bornier.

Devo dizer que tenho três países: o Brasil, a França e a Inglaterra, que me conquistou ainda jovem e teve decisiva importância em minha vida. Portugal não conta, pois é uma continuação do Brasil.

Identifico-me como cosmopolita, coisa que não dilui meu sentimento de brasilidade.

Há, no entanto, uma relação muito especial minha com a França, onde me sinto em casa, afagado pela língua e demais características culturais, com destaque para a boa mesa, com seus vinhos sem igual.

Termino este livro com uma frase de Winston Churchill, Prêmio Nobel de Literatura em 1953: "Escrever um livro é uma aventura. No começo é um brinquedo divertido; aí vira uma amante, depois um dono, depois um tirano. No fim, a ponto de aceitar a escravidão, a gente mata o monstro e o arremessa ao público."

Índice de vinhos

A
Anjou-Villages, Côte de la Houssaye 2003, 71
Armagnac de 1956, 43

B
bordeaux, 104
Bourgogne Jacoulot, 133
Bourgueil, 76

C
Cabernet Franc, 64, 71, 81, 82
Cabernet Sauvignon, 71
Calvados, 96, 98, 106, 107, 108
Chablis, 72, 117, 127, 133
Chambolle Musigny, 134
Château La Ragotière 2001, 71
Château Tayac, de Margaux 2000, 43
Cheval Blanc, 64, 118
Cheverny, 76
Chinon, 64, 65, 76
Coteaux des Chenanceaux, 2005, 82
Domaine de la Perrière, 82
Domaine de La Perrière, 80
Domaine du Puy, Vieilles Vignes, 2005, 81
Domaine du Rancée 2005, 81
Domaine Préveaux 2005, 81
Le Clos du Marronnier, 2005, 82
Wilfrid Rousse 2001, 81

Chinons, 65, 81, 82
Clos de l'Echo, 65
Coteau des Chinais 2005 —
Chenin Blanc, 69
Coteaux de la Loire, 70
Côte de Beaune, 134
Côtes de Grand-Lieu, 70
Cuvée Frédérique, 82

D
Domaine Chaugarnier 2006, 137
Domaine de Pierre Lagrange 2002, 71
Domaine du Rancée 2005, 81

G
Gevrey-Chambertin, 134
Gros Plant du Pays Nantais, 70

H
Hors Age du Pays D'Auge, 103

K
Kientzler Geiberg 2000, 38

L
"Le Pin" de Xavier Gouraud 2001, 71
Le Pin, do Pommerol, 71

M
Mâcon-Clessé, 134

Mâcon-Loché, 134
Mâcon-Villages, 134
Madiran, 32
Meursault, 134, 137
Meursault Les Clous 2005 de Javillier, 138
Montlouis, 76
Montrachet, 134
Morey Saint-Denis, 134
Muscadet, 70

N
Nuits Saint-Georges La Perriére, 2002, 137
Nuits-St-George 2005, 139

P
Pape Clément 2004, 112
Pécharmant, 42
Pécharmant, Château Revelle 2002, 42
Pernaud-Vergelesses, 134
Pétillant rosé, 2005, 68
Pierreclos, 134, 135
Pommard Closerie des Alisiers 2005, 132
Pouilly-Fuissé, 72, 142
Pouilly-Fumé, 72
Poully-Fuissé, 134
Poully-Loché, 134
Poully-Vinzelles, 134

R
riesling, 38, 43
rosés de Sancerre, 72

Rouge "Les Ribottées", 2005, 68
Rouge sem rótulo, 2000, 68

S
Saint-Émilion, 27
Saint-Nicolas de Bourgueil, 76
Saint-Véran, 134
Sancerre branco, 72
Saumur Champigny, 76
sauterne, 104
Savigny les Beune Aux Vergelesses de Simon Bile & Fils, 141
Sèvre et Maine, 70
Sidra, 107

T
Touraine, 76

V
Valençay, 76
Vieux Marc de Bourgogne, 132, 136
Vieux Marc de Bourgogne de 1953, 141
Vignerons de Saumur 2005, 71
Vire, 134
Vire-Clessé, 134
Vosne-Romanée, 134
Vosne-Romanée 1998 de René Engel, 142
Vouvray, 67, 71, 76

ÍNDICE ONOMÁSTICO

A
Abadia de Cluny, 132, 136
Abadia de Fontevraud, 89
abadia-igreja de Saint Philibert, 132
Abbaye des Daures, 101
Adige, 139
Ain, 135, 139, 144, 146, 149
Alain, 96, 98, 99, 100, 103, 105, 139
Alice, Mme., 137
Alsácia, 7, 14, 35, 37, 38, 41, 43
Alta Savoia, 14
Amaury de Sévérac, 20, 27
Amboise, 78, 83, 88
Anatólia, 106
Angers, 70
Anjou e Saumur, 71
Anna, 54, 111
Annecy, 119
Antipolis, Sophia, 33
Apremont, 66
Aquitaine, Eleonor de, 89
Arco do Triunfo, 53
Argentina, 4, 25
Arromanches, 102
Aubecq, 58
Aubrac, 21, 23
Auche, 70
Austrália, 25
Auvergne, 17, 18, 73
Aveyron, 7, 14, 15, 17, 18, 19, 21, 22
Avignon, 58
Avon-les-Roches, 64
Azay- le-Rideau, 63
Azay-le-Rideau, 58, 65, 66, 84, 86, 87
Aze, 135

B
Babilônia, 52
Baixa Normandia, 98, 102
Balzac, Honoré de, 89
Barbery, Muriel, 136
Barr, 41
Basileia, 58
Basilique Saint-Thérèse, 101
Bassin Saint-Pierre de Caen, 102
Bastille, 48, 50, 51
Baudry Anton, 69
Baudry, Christophe, 80, 82
Bavière, Marguerite de, 149
Bayeux, 101
Bayonne, 118
Beaubourg, 48, 52
Beaulieu, 127, 128, 129, 130, 131, 132, 133, 136, 138, 139, 140, 141, 142, 152
Beaulieu, Dominique, 127
Beaulieu, Jean-Paul, 147
Beaulieu, M., 128
Beaulieus, 131
Beaulieu, sr., 128, 129, 131

Beaumont-en-Auge, 102
Beaune, 127, 129, 145, 149
Belcastel, 23
Bergerac, 42
Berzé, 135
Beuvron-en-Auge, 100
Bezier, 33
Blanc, Georges, 132, 138, 139, 140, 144, 151
Blayac, 24
Blois, 70, 88
Bordeaux, 10
Bordelais, 27
Borgonha, 7, 10, 14, 27, 72, 127, 129, 133, 142, 147, 148, 149, 150, 155
Bornier, Henri de, 156
Boulevard de La Madeleine, 115
Boulevard du Montparnasse, 114
Boulevard Raspail, 116
Boulevard Saint-Germain, 114
Boulevard St. Michel, 117
Bourg-en-Bresse, 135, 139, 142, 146, 149, 151
Bourgueil, 65, 70, 72, 76
Bozoul, 21
Brasil, 4, 25, 26, 31, 50, 62, 74, 95, 97, 118, 132, 139, 151, 154, 156
Breischam Rhein, 41
Bretagne, Anne de, 89
Bretanha, 106, 108
Brou, 139, 146, 149
Broughton, Moo, 50
Broughton, Robert, 50, 67
Bru, 135
Bruxelas, 75
Buzols, 23

C
Cabral, Sérgio, 106
Cabris, 10
Caen, 23, 98, 100, 101
Calvados, 96, 98, 106, 107, 108
Calvados du Pays d'Auge, 108
Canadá, 25
canal Saint-Martin, 51
Candes SaintMartin, 68
Carnavalet, 52
Castelnaudary, 31, 73, 104
Catalunha, 58
Catherine, 87, 88, 136
Cáucaso, 106
Causse, 22
Cévennes, 24
Chablis, 72, 117, 127, 133
Chalet le Gentilhomme, 54
Chalon, 135
Chalonnais, 134
Champagne, 10
Charolles, 131, 132, 135, 140, 145, 151
Château d'Ambroise, 68
Château de Cânon, 100
Château de Chenonceau, 69
Château de Clos-Lucé, 88
Château de Sache, 68, 89
Château du Rivau, 68
Chenonceau, 69, 82, 83, 87
Cher, rio, 69, 87
Chinon, 60, 63, 64, 65, 66, 68, 70,

76, 78, 80, 81, 82, 83, 84, 86, 97
Chirac, Jacques, 31
Christophe, 80
Christophe Baudry & Jean-Martin
    Dutour, 80
Christophe, Jean, 40, 41, 42
Churchill, Winston, 156
Clémence, 76, 82
Clermont-Ferrand, 18, 19, 70
Clos Lucé, 68
Cluny, 7, 10, 14, 52, 125, 127, 128,
    129, 133, 135, 136, 139, 141,
    142, 146, 148, 151, 152, 155
Colmar, 39, 41, 44
Connal, 66
Conques, 23
Coração de Leão, Ricardo, 89
Corbes- sur-Ciel, 23
Cormatin, 135
Córsega, 17
Côte Chalonnaise, 127
Côte d'Azur, 33
Côte d'Or, 134, 141, 145
Cotentin, 107
Couvertoirade, 23
Cravant-les-Coteaux, 64, 70, 80, 81
Crissay, 64, 68
Crissay-Sur-Manse, 64
Crouzilles, 70

D

d'Arc, Jeanne, 86
d'Arc, Joana, 63
Dauphine, 50, 111, 112, 113
Deauville, 101, 102

Demoulin, 41, 42
Denise, 112, 117, 122
Dijon, 127, 145, 149
Dinan, 10, 22, 97, 129
Dominique, 127, 130, 131, 133,
    136, 140, 147
Douls, Michel, 32
Dourbie, 22

E

Elias, 29, 31, 41, 80, 117, 131
Elio, 111
Elizabeth, rainha, 102, 115
Elvira, 31, 44, 54, 80, 82, 108, 117,
    131, 134, 141
Erik, 47, 51, 52, 53, 54, 117
Estaing, 21, 23
Etretat, 102
Euro Disney, 53
Europa, 25, 89, 106, 148, 150

F

Farwagi, Yolanda, 67
Florac, 19
Foire des Bestiau, 23
França, 1, 3, 4, 9, 10, 11, 13, 17, 18,
    19, 20, 21, 25, 26, 29, 30, 31, 47,
    49, 50, 51, 58, 59, 60, 61, 62, 64,
    66, 68, 72, 73, 74, 78, 83, 87, 89,
    91, 95, 98, 100, 101, 102, 104,
    105, 106, 112, 113, 114, 117,
    118, 128, 130, 131, 135, 144,
    148, 150, 151, 152, 153, 155,
    156
Françoise, 41, 42, 43

Fréderique, 77
Freiburg, 41
Fréland, 7, 10, 35, 37, 38, 40, 44, 97

G
Gabriel, 52, 111, 112, 113, 117, 118, 119
Gannon, Dorothy, 66, 67, 68
Gannons, 66
Gare du Nord, 50
Gasconha, 24
Gaulle, Charles de, 61, 99, 129
Gault, Henri, 143
Genebra, 58
Gerardner, 41
Gerteigny, Alfred, 52
Gerteiny, Zoe, 18, 52, 67
Gilles, 18, 52, 67, 107
Gisele, 143
Gîte de Sévérac, 20
Goisbault, Hughes, 105
Goisbault, M., 95
Gorges du Tarn, 19, 23
Graindorge, E., 102
Grandet, Eugênio, 89
Grand Rue, 58
Grasse, 10, 22, 97, 129
Grupo de Cairn, 25
Guebwiller, 41
Guise, duque de, 88
Gutleben, 43

H
Haeberlin, Marc, 37
Hardi, Philippe le, 149

Hastings, 101
Haut-Kœnigsbourg, 41, 44
Heike, 41, 42
Hélène, 140
Histoire Naturelle, 52
Honfleur, 101
Houssen, 44
Hurstel, Jean Christophe, 40, 41
Hurstel, M., 42
Hurstel, Mme., 42
Hurstel, sr. (pai), 42

I
I, François, 88
igreja da Medalha Milagrosa, 116
Igreja de Notre Dame, 122
Igreja de Saint-Eustache, 115
II, François, 78
II, Henri, 78, 87
III, Henri, 88
ilha da Cité, 111, 117
ilha de Saint-Louis, 50
Ilha de St. Louis, 123
Illaeusern, 38
Illhaeusern, 37, 41
Indre, 57, 65
Indre-et-Loire, 57
Inglaterra, 58, 89, 156
Invalides, 115, 116
Isabelle, 58, 59, 78

J
Jardim da França, 60
Jardim de Halles, 122
Jardim Luxemburgo, 106

Jardin des Plantes, 53, 116
Jardin do Luxembourg, 117
Jardin du Luxembourg, 114
Jean-Paul, 127, 132, 135, 136, 137, 140, 141, 142, 150
Jégou, 31
Jégou, M., 20
Jégou, Michel, 20, 24, 29, 31, 33
Jégou, Sylviane, 20
Jégou, Sylvianne, 29
Jonte, 22
Josée, 42
Joseph, 42
Jusieu, 116

K
Kalblin, 38, 40, 41, 43
Kaysersberg, 38, 39, 40, 41, 43, 44
Keller, Mme., 39
Kennedy, John F., 155

L
La Bastille, 48
La Cavalerie, 22
Laffitte, Pierre, 33
Lafortune, Pierre-Antoine, 143
La Grande Roue, 53
Laguiole, 23
Laissac, 23
Lamartine, 133, 135, 148
Langeais, 89, 90
Languedoc, 10, 17, 18
Languedoc-Roussillon, 17, 18
Lapoutroie, 41, 44
Larcher, Gerard, 105, 106

La Villette, 52
Lemarinel, 96, 97, 98, 105
Lemarinel, M., 97
Lemarinel, Mme., 97
Lemarinels, 103, 104
Lemarinel, Véronique, 96, 98
l'Embassadeur, Monsieur, 95
Les Vignes, 23
Ligúria, 139
l'Île Bouchard, 70
Limoges, 147
Lisieux, 96, 98, 99, 101, 102
Livarot, 43, 75, 102, 103
Lobato, Antonio Carlos, 112
Loches, 78, 83, 90
Loire, 7, 10, 55, 57, 60, 61, 65, 70, 78, 84, 90, 98, 139, 142, 144, 145, 147
Loire em Saint-Nazaire, 70
Londres, 50, 51
Lot, 18, 19, 21, 22
Louise, 76, 82
Louvre, 52, 115
Lozère, 17, 19
Lula, 138
Lutécia, 111

M
Mâcon, 127, 134, 135, 139, 141, 145, 148
Mâconnais, 72, 127, 133, 134
Magno, Carlos, 107
Magny, 7, 10, 14, 93, 98, 99, 100, 101, 103, 106
Magny-le-Freule, 7, 10, 14, 93, 99,

100, 101, 103, 106
Magny-leFreule, 98
Magnyle-Freule, 99
Maine, 70, 108
Maire, Le, 57
Malaviole, Georges, 29
Malaviole, Mme., 27
Malaviole, sr., 27, 28
Malaviole, sra., 28
Mande, 17, 19
Mandive, 25, 97
Marais, 48, 49
Marçay, Château de, 63
Marché de Nöel, 41
Marco, o "quebra-nozes", 59
Marcos, 7, 11, 14, 51, 54
Marques, Abílio, 24
Martine, 39, 40
Médicis, Catharine de, 87
Médicis, Catherine de, 87, 88
Mediterrâneo, 33
Médoc, 27
Megève, 7, 10, 14, 22, 45, 47, 54, 97, 109, 111, 113, 117, 119, 129, 153
Memorial de Caen, 101
Mende, 24
Mendive, 10, 22
Mesnil-au-Val, 107
Mesopotâmia, 52, 106
MézidonCanon, 99
Mézidou-Canon, 105
Michel, 138
Midi-Pyrénées, 7, 15, 17
Millau, 17, 19, 22, 32, 33, 143
Millau, Christian, 143

Mitterrand, 49, 150
Montaigne, 143
Mont Blanc, 119
Montpellier, 17, 58
Mont Saint Michel, 101
Mont Saint-Roman, 135
Mont Saint-Vincent, 135
Montsoreau, 68
Museu Balzac, 68
Museu de História Natural, 116
Museu d'Orsay, 115
Museu Normando de Caen, 102

N
Nantes, 70
Napoleão, 148
Nathan, 40
Neuil, 7, 10, 14, 55, 57, 58, 59, 60, 61, 62, 63, 65, 69, 73, 75, 77, 78, 79, 83, 84, 90, 91, 97, 98
Nice, 76, 98
Niedermorschwihr, 41
Normandia, 7, 84, 93, 95, 96, 98, 99, 101, 102, 104, 105, 106, 107, 108
Notre-Dame, 53, 149
Nova Zelândia, 74

O
oceano Atlântico, 70
Orbec, 102
Orbey, 41, 44
Orléans, 18, 70
Orly, 129, 143

P
País Basco, 25, 129
Palácio de Villandry, 67
Panthéone, 117
Panzoult, 64, 69
Paris, 7, 10, 18, 21, 33, 39, 45, 47,
  48, 49, 50, 51, 52, 53, 54, 59, 68,
  70, 74, 75, 76, 83, 84, 91, 97, 98,
  103, 106, 108, 109, 111, 112,
  113, 114, 115, 117, 119, 120,
  121, 122, 129, 134, 136, 142,
  143, 155
Parque Leonardo da Vinci, 68
Pascal, 41
Patrick, 58
Pauillac, 74
Pays d'Auge, 108
Périgord, 104
Petitrenaud, Jean-Luc, 118
Petit Venice, 44
Peurichard, 57, 85, 90
Peurichard, Frédérique, 68, 69, 80,
  82, 83
Peurichards, 60, 76, 82
Peurichard, Sandrine, 68
Peur, Jean Sans, 149
Philippe, 140
Pissard, Gérard, 119
place Concorde, 53
place de La Contrescarpe, 116
place Gaston-Pailhou, 67
place Vendôme, 115
Platters, 58
Platters, Thomas, 58
Poitiers, Diane de, 87

Pont de Vaux, 135
Ponte da Normandia, 101
Pont l'Évêque, 102
Pont-l'Evêque/Lisieux, 96
Pont Neuf, 111, 114
Portugal, 156
Pouillieute, Antoine, 95, 97
Pouillieute, M. Antoine, 95
Pouilly, 72, 142
Pouzay, 77
Proust, 151
Provence, 10, 21, 97, 129

Q
Quai de Branly, 115
Quai d'Orsay, 52, 116
Quebra-Nozes, Marco, 78

R
Rabelais, 64
Reims, 86
Reno, rio, 41
Ressourge, 135
Rhône, 10, 58, 135, 139, 147
Ribeauvillé, 41, 44
Richelieu, 66
Riquewihr, 41, 44
Rivarennes, 74
Rivière, 70
Rivoli, 48, 115
Robinson, Jancis, 142
Robuchon, Joël, 118, 120
Rochebrune, 54, 119
Rodez, 23
Rodèz, 17

Rodin, 115
Roissy-Charles-de-Gaulle, 99
Roquefort-sur-Soulzon, 32
Rouanne, 135, 137, 138, 150
Rouergue, 17, 18
Route des Segneurs, 23
Route Du Vin, 64
Royal de Brou, 142

S
Sainte-Maure, 58, 63, 66, 68
Sainte-Maure de Touraine, 58, 63, 66
Saint-Emilions, 64
Saint-Énimie, 23
Saint-Épain, 58
Saint-Flour, 19
Saint-Germain, 114, 136
Saint-Jacques, 101, 111, 117
Saint-John, 101
Saint-Maure, 66, 75
Saint-Michel, 114, 136
Saint-Nicolas de Bourgueil, 65, 70, 76
Saint-Pierre, 67, 80, 101
Saint-Pierre-des-Corps, 80
Saint-Pierre-desCorps, 67
Saint Rémy, 22
Saint-Rémy, 59, 85, 97, 129
Saint-Rémy de Provence, 10
Sallanches, 119
Salomão, José Elias, 29, 31, 32, 44, 53, 54, 80, 82, 108, 117, 131, 134, 141, 142
Sandrine, 68, 77, 83

Santa Margherita, 139
Saône, 133, 139, 145, 147
Saône-et-Loire, 133, 139, 145
Saône, rio, 139
Sarlat, 10, 22, 97, 128, 155
Saumur, 70, 71, 76, 78
Saveur l'Auge, 102
Savoia, 14, 21
Schreiden, Inez, 50, 51
Seguin, família, 24
Seguin, Jean, 25
Seguin, Rémy, 24
Seguin, Simone, 25
Seillier, Bernard, 33
Seine, 147
Sélestat, 41
Sena, rio, 48, 111, 114, 116
Senones, 41
Sète, 22
Sev, 17, 33
Sévérac, 7, 10, 15, 17, 19, 20, 22, 23, 24, 27, 32, 33, 97
Sévérac-le-Château, 7, 10, 15, 17, 23, 33, 97
Sèvres, 116, 147
Sibéria, 41
Sigolsheim, 38
Sisteron, 74
Soares, Jô, 138
Société, 25, 32
Solutré, 135, 141, 142, 150
Sparr, Bernard, 38, 39
Sparr, Domaine Pierre, 38
Strasbourg, 38, 40
Strasbourg-Colmar, 39

T
Tailândia, 140
Taizé, 135
Tarbes, 73
Tarn, 17, 19, 22
Tavant, 70
Tellechea, 118
Temporal, Loïc Arnaud, 135
Torre Eiffel, 115
Toulouse, 73, 104
Touraine, 58, 60, 61, 63, 64, 66, 67, 71, 76, 90
Tournons, 132, 141
Tournous, 127, 145
Tours, 65, 66, 67, 68, 70, 128
Trento, 139
Tricot, Didier, 102
Troisgros, Claude, 137, 138
Trouville, 101

U
União Europeia, 25, 26, 30
Ussé, 90
Uzès, 58

V
Vale do Loire, 7, 10, 55, 57, 60, 61, 65, 70, 78, 84, 98, 142
Vale do Rhône, 10
Vendée, 66, 67
Véronique, 51, 96, 98, 104, 105, 115
Viaur, 22
Vienne, rio, 70
VIII, Charles, 89

Villainesles-Rochers, 58
Villejuif, 116
Vinci, Leonardo da, 68, 88
Viviand, Edmond, 51
Vonnas, 135, 138, 144
Vosges, 38, 48

W
Waterloo, 50
Werlhof, Pierre von, 44
West Smithfield, 50

X
XII, Louis, 89

Y
Yolanda, 67, 77

Z
Zed, 114
Zervudacki, Denis, 51
Zervudacki, Véronique, 51

Este livro foi composto na tipologia Minion
e impresso em papel off-set 90g/m²
na Prol Editora Gráfica.